O2O时代的
商业盈利模式

O2OSHIDAIDE
SHANGYE YINGLI MOSHI

杨 添◎著

ZHEJIANG UNIVERSITY PRESS
浙江大学出版社

图书在版编目(CIP)数据

O2O 时代的商业盈利模式 / 杨添著. —杭州：浙江
大学出版社，2015.7
　　ISBN 978-7-308-14660-9

　　Ⅰ.①O… Ⅱ.①杨… Ⅲ.①网络营销—盈利—商业
模式—研究 Ⅳ.①F713.36

　　中国版本图书馆 CIP 数据核字（2015）第 092136 号

O2O 时代的商业盈利模式

杨　添　著

责任编辑	黄兆宁	
责任校对	金佩雯	
封面设计	国风设计	
出版发行	浙江大学出版社	
	（杭州市天目山路 148 号　邮政编码 310007）	
	（网址：http://www.zjupress.com）	
排　　版	杭州林智广告有限公司	
印　　刷	杭州杭新印务有限公司	
开　　本	710mm×960mm　1/16	
印　　张	14.25	
字　　数	164 千	
版 印 次	2015 年 7 月第 1 版　2015 年 7 月第 1 次印刷	
书　　号	ISBN 978-7-308-14660-9	
定　　价	38.00 元	

序

现在几乎每个人都有一部智能手机,当我们随时随地拿出手机上网的时候,我们就知道这是一个移动互联网时代,它已经迎面而来,改变了我们的思维和生活方式。对企业和商家来说,移动互联网改变的是商业模式,它们需要使用全新的商业模式,才能跟上时代的发展。

以前的传统行业都是线下销售,到了互联网时代,电商崛起,线上销售开始火热起来。而现在,移动互联网的到来,打破了线上和线下的界限。只有将线上与线下完美结合起来,形成O2O闭环,才是发展之道。

在移动互联网时代,没有谁是大佬,没有什么不可能,谁都有可能瞬间崛起或者是被赶下台。大企业面临着新的挑战,不改变就有可能会万劫不复;小企业面临着无限的商机,只要能用移动互联网思维武装自己,就有可能迅速发展壮大,成为行业的霸主。诺基亚怎么样?全球最大的手机生产企业,几乎是在一夜之间便垮台了。小米呢?一家名不见经传的新兴企业,迅速在国产智能手机中占据一席之地,在苹果手机风行的时候,依然拥有自己的市场。

移动互联网将商家和消费者紧密联系到一起,商家可以感受到消费者的兴趣和习惯,消费者也可以影响到产品的设计和生产制造。因此,传统企业那种闭门造车的方法已经行不通,想要产品卖得好,就要让消费者参与进来。消费者是免费的"企业顾问",让他们参与到企业的发展当中,企业不用花一分钱,却减少了失误,提高了用户满意度,何乐而不为呢?

　　移动互联网让消费者的体验变得更强更直接,这种体验无处不在,几乎渗透到了生活的方方面面。坐地铁的时候可以看到二维码广告,逛商场的时候可以看到大屏幕上的滚动信息,喝咖啡的时候可以免费连接 Wi-Fi 上网⋯⋯人们无时无刻不在体验着营销信息。

　　消费者的购物更加自由,他们可以选择任何一种购物方式,线上购买、线下接货,先在线上看好然后到实体店购买,或者在实体店体验一把在线上下单,各种方式都可以选择,而且都不会太麻烦。正因为消费者购物方式如此灵活,所以商家只有抓住消费者的心,才能确保他们不会离自己而去。

　　以前的企业只要做好产品就够了,而现在的企业,做好产品只是第一步,还要做得比别人好、比别人快,让用户体验到极致的感觉。这样一来,用户才会彻底喜欢上这个品牌,成为品牌的粉丝。有了粉丝,企业才能在移动互联网时代闯出自己的一片天。

　　但是,即便获得了再大的成功,企业也不能懈怠,因为在移动互联网这个不断迭代、飞速发展的时代,连进步慢了都算退步。假如企业骄傲了,或是不求创新,将会非常危险。企业的创新可以不大,但必须去不断改变,微创新做得多了,就会由小步逐渐积累为大步。

　　苹果在粉丝们心中的地位够高吧,但是 iPhone 6 推出以后,却遭到了网友们的强烈吐槽。有人认为苹果现在缺乏创新,有人更是指出

iPhone 6 是可以掰弯的,质量不好。连苹果公司这样的以艺术品式的手机而拥有众多粉丝的企业都会被质疑,其他企业如果不创新,绝对不行。

总之,移动互联网时代消费者的感觉才是最重要的,企业用什么样的商业模式最好,关键是要看什么样的商业模式能给消费者提供最极致的体验。服务好消费者,让他们爱上企业和品牌,成为企业的忠实粉丝,企业就成功了。

目录

第三章
O2O 时代，你要读懂 20 大经营法则

第四章
O2O 帮你解析真正盈利的商业模式

第八章
移动互联网思维在各行各业的应用

第一章
移动互联网时代，商机无限

随着智能手机的发展，我们已经进入了移动互联网时代的O2O商业闭环圈。这是充满变化的时代，也是一个商机无限的时代，移动互联网对传统企业所起到的改变作用，将远远大于互联网。O2O商业闭环圈将很多的元素结合起来，比如个人身份、移动互联、位置服务、无处不在的传感器等，这就使得移动互联网变得空前强大。移动互联网像是一场风暴，不仅改变了商业结构，还改变了人们的思维方式。只要紧跟这个时代，不管起点有多低，都能拥有无限的成就。

传统互联网大佬被移动互联网新秀逼到墙角

随着移动互联网时代的到来，传统的互联网大佬们全都受到了猛烈的冲击，甚至被如雨后春笋般迅速崛起的新秀们逼到墙角，面临着死亡的危机。

曾经在传统互联网时期称雄一时的网易，还在举办一次互联网大会之前发出过这样志得意满的声音："我在，你呢？"但是，才不过两三年的时间，网易在一些新兴互联网公司的夹击下，影响力大不如前。

现在互联网新生的势力实在太多太多，小米、奇虎 360、京东、携程、唯品会、多玩……在这一大波互联网新势力到来的时候，很多传统的互联网大佬被迫撤离，有的甚至根本经营不下去了。

我们不妨来看一下现在互联网的天下是怎样划分的：

独占鳌头的仍然是我们熟悉的那几家企业：百度、阿里巴巴、腾讯，这"BAT"三巨头不愧是重量级的公司，依旧领跑互联网界，市值与估值范围是 400 亿～900 亿美元。因为它们的实力太强，一时还难以被新兴的势力挤下去，不过就连它们也感到了前所未有的压力，全都在积极改进和完善自己。

　　"BAT"都在锐意进取，别的传统互联网企业就更不敢懈怠了。但是，互联网时代讲究的是"新"，是适应这个高速发展的时代。新兴的势力挡也挡不住，传统互联网企业再怎么努力，还是难逃被挤到墙角的厄运。于是，除了"BAT"之外，传统互联网企业遭遇惨败。在"BAT"之下，位居第二梯队的互联网企业中，新秀有小米、奇虎360、京东、携程，而传统的互联网企业只有一个新浪。这些公司的市值与估值范围是50亿～100亿美元。

　　在第三线的互联网企业当中，传统互联网企业继续败阵，只有搜狐和优酷土豆留了下来，而优酷土豆还是优酷和土豆两大视频网站合并之后才位列三线互联网企业的。至于其他的传统互联网企业，则全都黯然失色。那些新兴的互联网企业，如搜房、唯品会、多玩，则同样位居第三梯队，它们和以前的互联网大佬搜狐、优酷土豆并列在一起，市值与估值范围是20亿～50亿美元。

　　互联网这块大蛋糕到底应该怎么分，实际上永远不会有定论，因为这是一个飞速发展、瞬息万变的时代，而互联网无疑是走在时代的前端且变化最快的领域，所以它永远在变化，永远是新的。

　　如今的移动互联网大潮席卷而来，传统的互联网企业如果还想固守着自己那一亩三分地，是绝对行不通的。当新的东西出现的时候，传统行业会受到很大的冲击，而互联网企业受到的冲击比传统行业还要大得多。互联网对公司是没有什么要求的，你是传统的大公司也好，你是新兴的小公司也罢，只要你做对了事情，就可以迅速发展壮大，你没有跟上潮流，那对不起，再大的公司也要退居二线，甚至倒闭。正如曾任一起网CEO的谢文说的那样："是谁做不重要，做什么很重要，这是大势所趋。"

在这些新兴的互联网企业当中,最具代表性的就是小米。它于2010年成立,短短几年的时间就飞速发展,成为继苹果、三星之后手机行业的另一个霸主。小米之所以能够快速取得巨大的成功,就是因为它把握住了移动互联网刚刚出现这个绝佳时机。这也充分证明了一点:在移动互联网时代,谁能紧跟时代的步伐,谁就能胜出。

移动互联网时代,是求新求变的时代。谁先更新自己,谁先变化了,谁就保持了先进性,就可以迅速占领市场,远远甩开其他竞争者。谁固守了原来的旧模式,谁就要被超越,就要倒闭。去迎合瞬息万变的市场,这不但是新兴企业的金科玉律,对于传统的互联网大佬们也同样适用。

盛大刚开始的时候是一家非常强的互联网企业,陈天桥曾经表示,假如盛大能够连续几年都将100%的年复合增长率保持下去,再过10年,盛大就会成为世界上第一大娱乐公司。

在此后的几年当中,盛大不停地投资,不停地收购,从游戏到音乐,从影视到文学,盛大在下一盘非常大的棋,它想在互联网上创立一个自己的王国,把原本不搭边的各项东西整合到一起。

尽管陈天桥的想法是非常好的,但是他显然低估了这个时代的变化速度。随着移动互联网时代的到来,他以前的努力全都付诸东流。不管是腾讯、阿里还是百度,全都紧锣密鼓地朝着移动互联网方向发展,而盛大在盛大创新院努力了4年之后却没有交出一份满意的答卷,最后不得不放弃。

当盛大成为互联网大佬的时候,腾讯还守着他的QQ挣扎求存,马云还在经营他的黄页。但是现在，腾讯凭借自己的庞大用户量，在移动互联网时代成为一方霸主，阿里巴巴也在美国上市，创造了前所未有的奇迹，盛大却提前私有化退市。

盛大没有实力吗？肯定不是，它当年独领互联网的风骚，现在却退到众人的目光之外，真是时也命也。移动互联网时代到来后，如果不作改变，显然是行不通的，盛大如果积极转型，也许就能重新回到大佬的位置上。

盛大由盛转衰，虽然是时代变迁的结果，但也和自己本身有千丝万缕的联系。移动互联网时代，不是企业想怎么发展就能怎么发展的，首先要看清楚市场，明白这个市场真正需要的是什么，紧随着市场的步伐，这样才能屹立不倒。腾讯、阿里和百度之所以能够依旧称霸互联网，就是因为它们时刻都在随着时代改变，从未有一刻停止过。

现在除了"BAT"三巨头之外，绝大多数的传统互联网企业都被互联网新秀逼到了墙角，出现这种情况的原因就是它们的思路僵化了。可能有的企业觉得自己的规模比较大，承受能力强，不作多大的改变也没有关系，但是在时代面前，没有什么大公司小公司的区别，只要被潮流撇下，就注定是失败的结局。反应慢一点，就会被时代的车轮滚滚碾过，再想翻身，就十分困难了。

现在的互联网新秀，它们紧跟着时代的节奏，符合年轻人的思维，引领市场的潮流，迅速扩大自己的影响力，开拓市场，这一点是非常好的。不过我们也不能只看到当前这乐观的一面，还要用更加长远的眼光去看待。比如小米，尽管成为手机行业的一匹势不可挡的黑马，但它其实也是有缺陷的，因为它的创新程度不是特别大。在今后的发展当中,小米很有可能会遇到瓶颈,一旦国内的市场出现了饱和的状态,它走向世界的可能性就比较小。因此,小米应该积极创新,去开发有自己独特之处的东西,这样才能走得更加长远,发展得更好。

传统的互联网大佬被逼到墙角,其实并非坏事,只要求新求变,赶紧跟上时代的步伐,就有重回顶峰的可能。互联网新秀们站在舞台的中央,也不应该骄傲自满,因为其实还有很长的路要走,应该冷静思考一下今后的发展之路。

总之,这是一个最好的时代,也是一个最坏的时代,我们都有可能一夜成名,也有可能瞬间凋零。移动互联网时代是不允许有人止步不前的,只有我们迎接挑战,去主动开创新的时代,才能成为时代的领跑者。

移动互联网思维改写传统商业思维

　　随着移动互联网时代的到来，传统的商业思维已经明显跟不上这个时代的节奏了，我们需要用全新的移动互联网思维来武装自己，这样才能在新的时代仍旧屹立不倒。

　　2013年，有一个词语迅速火了起来，这个词语就是"互联网思维"，但是说到"移动互联网思维"，有些人还是觉得有陌生感。人们关于移动互联网的定义并不清晰，只不过有零星的一些思考，并未形成系统化的概念。

　　尽管人们对互联网已经很熟悉了，但移动互联网和互联网并不是一个概念，它比传统的互联网更加方便快捷。移动互联网思维必将带来一场思维的革命，企业如果不用它来改变自己的传统商业思维，就只能在这个时代里黯然失色。

　　从整体上来看，互联网思维主要有四个与众不同的特点。

　　第一，移动互联网给用户提供了随时随地和互联网取得联系的机会，这是传统互联网无法比拟的优势。在这个特性下，商业模式也发生了天翻地覆的变化，商家不再是一个人唱独角戏，用户的参与和互动变得非常重要。

　　无数的事实证明，只要信息的传播速度变得更快，掌控信息的人就会重新组合。在互联网还没有出现的时候，让消费者通过投票的方式来判断一种产品的好坏根本不可能，单单信息的传递速度就是一个大问题，再加上信息采集者和中间传递渠道的可信度问题，让人很容易怀疑数据的真实性。因此，很多人都会选择沉默，因为说了也没有用。

　　而到了现在这个移动互联网时代，信息的传播速度已经如此之快，贴吧、论坛、微博、微信等各种渠道都可以把我们的信息瞬间传遍整个网络，不需要坐在电脑前，只需要有一部手机就可以了，随时随地，无限连通。

　　移动互联网时代信息传播的速度如此之快，让企业不得不重新思考自己的模式，电商们可以在短短的几年时间里迅速崛起，就是因为它们关注消费者的心声。传统的消费观念在移动互联网时代已经行不通了，商家如果只是做广告，却不与消费者进行互动，竞争力就不行。

　　在互联网时代，商家一般需要销售平台才可以和消费者建立联系，但是移动互联网时代就不同了，商家可以直接同消费者对话，省去了中间的繁杂过程，让消费过程变得更加直接。消费者对商家的要求各种各样，他们反馈的意见是非常有价值的，可以帮助商家做得更加完美，吸引更多的顾客。

　　由于相互联系更加方便快捷，基本上不需要花费成本，而且消费者可以利用琐碎的时间和商家交流互动，这就使沟通的时间有了足够的保障。消费者能够在消费中占据主导的地位，他们的积极性就会高涨起来。小米的成功就是一个特别好的例子，因为"米粉"无时无刻不在参与小米公司的决策与发展，所以"米粉"们有一种自己是主人的感觉。对小米近乎狂热的支持，使得小米能够出现一次又一次产品被抢购一空的盛况。

移动互联网像是一座无比宽敞的大桥，把品牌和消费者直接联系到了一起。这样一来，品牌完全不用考虑平台的问题，只需考虑自己和消费者，便可使双方形成一个独立的王国。只要消费者有需求，就生产，就有市场，别的一切规则都是可以打破的。拥有了消费者，就拥有了一切。

于是，移动互联网时代的品牌和传统的品牌有着鲜明的区别。小米和粉丝们共同拥有小米这个品牌，而传统的企业则是自己拥有这个品牌，显然，在这个时代，小米更胜一筹。正因为顺应了时代的潮流，小米可以迅速崛起，成为能和苹果相提并论的大品牌。传统的企业在苦苦挣扎，在经济危机中艰难度日，很大程度上是因为思维没有及时跟上时代，因此，现在有不少意识到这一点的企业，开始转变思维，转变企业的生存模式。

传统行业在移动互联网时代需要做的转变有很多，因为早已经习惯了传统的商业理念和思维，要做好这件事情并不容易。耐克在向移动互联网思维转变的时候就做得非常好，我们看看它是怎么做的。

现在任何行业都面临着异常激烈的市场竞争，传统行业中的服装行业更是如此，假如不能跟上时代的发展，就很难生存下去。耐克这个服装名牌很注重思维理念的转变，积极跟随时代的步伐，做出了自己的数字化平台。

它的 Nike＋上线后，各种具有自己特色的产品接连推出，注册的人数很快从 500 万飙升到了 1000 万以上。不得不说，Nike＋其实是在进行一场把运动和数字化结合起来的革命,不过这并非它一开始就存在的理念,而是经历了一番发展才出现的愿景。

Nike＋一开始是 Nike＋iPod,也就是跑步和音乐相结合。听音乐是现在的年轻人都比较喜欢的事情,把跑步这件本来很枯燥的事和音乐结合起来,就会让跑步变得轻松愉快,因此这个创意受到了很多人的喜爱。

耐克把自己的跑步鞋和苹果手机联系起来,只要跑步者穿着这种鞋,就可以从苹果手机上看到自己跑步的信息,比如跑了多远、速度是多少等。因为和时下最流行的苹果手机联系了起来,再加上这个创意,耐克公司赚了一大笔利润,数额达到 28 亿美元,甚至超过了耐克一直卖得非常好的篮球类服装。

与苹果合作之后,耐克努力做出自己独立的系统,不再依赖别人。乔布斯去世后,耐克不再单纯只和苹果合作,而把合作面扩展得更加宽广。Nike＋Basketball 和 Nike＋Training 相继推出,各种手机应用(APP)不断得到研发,耐克已经形成了自己的一套平台,相信其今后在这个移动互联网时代会发展得更好。

在移动互联网时代到来的时候,耐克从原本只生产产品,转变到现在不仅做产品也为消费者提供服务,符合了时代的要求,受到了人们的欢迎,因此又赢得了一大批忠实的粉丝。

第二,因为信息传递的速度越来越快,以前人们没有的消费需要,现在都有可能会变成现实。

在传统互联网时代,如果要到商场去买东西,肯定是提前就计划好的,即便是在网上购物,也要登录互联网,家里要有网络并且坐到电脑前才可以。现在什么时候想起来要消费，要做某件事，只需要拿起手机就可以在网上完成了，随时随地，不需要走到商场去，也不需要在家里、在电脑前。因为更加方便，让很多消费冲动都可以立即转变为消费事实，所以商家的思维也要转变，让自己的服务更快、更人性化。

比如滴滴打车、必胜客宅急送等各种服务都是移动互联网催生的产物，人们只要拿出手机就可以解决他们想解决的问题，这正是宅男宅女们的喜好。

可以说，在移动互联网时代，一段很短的时间都可以产生巨大的价值，商家应该尽可能地利用好零碎的时间，在极短的时间里就把顾客吸引住，这样才可以创造更多的收益。

第三，一个企业要在移动互联网时代转型，首先应该建立一种全新的管理思维，进行移动零售。因此，现在企业最应该做的事情就是构建一个自己的网站体系，对旧的管理软件全面升级。

目前来看，绝大多数有微信营销服务的企业，都给人们提供建站的服务，就连腾讯，也做了个叫"风铃"的无线自助建站的微信开发工具。不过，应该注意的一点是，仅依靠微信并不能形成一个完整的O2O体系，它只不过是其中的一部分。不仅是微信，包括阿里巴巴推出的支付宝，也并不能独自构成一个O2O体系。

单独的工具都只是一个部分，想要做成能够使用的完整体系，就要对以前传统意义上的管理软件进行改造，让它们适应移动互联网，并且转换思维，以移动零售为出发点去思考问题。

企业应该利用好和消费者连接的各种入口，比如支付宝、微信等各种时下流行的APP。二维码的扫描是一种方便快捷的方式，很多人都愿意使用，所以我们应该重视起来。另外，还应该有属于企业的微社区,把交流的主要渠道建立起来,这样就可以随时和粉丝们联系了。在这个人气和粉丝就是价值的时代,这一点十分重要。

第四,在移动互联网时代,全新的商业模式正在形成,这个模式就是"工具"、"社区"、"电商"相结合的混合模式。

很多原本只是一个工具的 APP,慢慢就变成了一个社区,然后又拓展到电商服务上边来。从单一到多元化,这就是移动互联网时代的主流,只有形成了一站式服务,按照最便捷的方式来打造,才能赢得消费者的普遍认同。

微信之所以能风靡,就是因为它的功能多,能够满足人们的各种要求。实际上,微信在一开始的时候并没有太多的功能,甚至连语音都做不到,只是可以把 QQ 上的朋友转到这上面来。但是,微信发展得非常迅速,它的功能迅速增加,不但具备了 QQ 的很多功能,而且还可以语音沟通,并且能够找到附近的人,这就让它的人气暴涨。

接下来,微信的功能进一步增强,不单单只是社交工具了,还具备了点赞以及评论等社区式的功能,还有摇一摇、微信支付、语音记事本、流量查询、公众平台、游戏中心、微博阅读、新闻资讯等一系列的功能。

小米有一个米聊,推出的时间比微信早,但是微信一出来就在用户数量上远超米聊。这除了因为 QQ 的使用人数本就多以外,和微信的强大功能是分不开的。

微信的成功,是移动互联网时代产品功能多元化的成功。一种互联网产品,首先要具备自身的功能,功能可以解决人们的问题,这是人们选择它的理由。不过,若单单只有功能,用户就没有办法交流,而移动互联网时代，想要形成粉丝团体，就需要有交流，因此社区就成了功能发展的必经之路。电商可以让盈利的效果最大化，挖掘潜在的盈利点。这三者看似没有关联，实际上却是紧密联系的一个整体。

综上所述，移动互联网时代的思维和传统商业思维是不一样的，企业想要发展，就必须赶紧进行这方面的转换。只有自己努力跟上时代，才不会被时代所抛弃。

错过移动互联网时代，你将失去亿万商机

移动互联网时代是一个比任何时代都更具有商机的时代，我们绝不能错过这个大好的时机，否则将会失去亿万商机。

现在的智能手机功能越来越强大，价格也越来越便宜，不但几乎人手一部，而且有的人还随身带着两部手机，一部看视频玩游戏，一部接听电话，工作娱乐两不误。智能机通过一张无形的大网将人们联系起来，每个人都有自己的联系人，然后通过这些联系人又可以认识更多的人，只要是想要认识的，不管是个人还是商家，都可以轻松使用手机搜索到。高度的移动互联，让这个时代充满了无限的可能，商机也前所未有地丰富。

手机具备上网的功能，因此，传统互联网时代有的东西，它上面全都有，这并不新鲜。移动互联网时代最让人们感到激动的就是O2O，因为手机能够提供具体位置的信息，这是以前使用电脑上网时不具备的功能。因为手机的这种高度的机动和灵活性，商家可以拥有更多的消费者，人们则可以随时随地在网上寻找自己想要的东西，并且根据需要进行分类选择。

O2O的出现，给企业带来很多的机会，抓住机会，就可能创造出巨

大的财富，抓不住机会，就失去了大好的商机。尽管现在智能手机已经很普及了，我们也即将进入 4G 时代，但相关的业务其实才刚刚起步，还有很大的发展空间。现在如果抓住机会创业，商机无限。

现在有不少人都在用手机娱乐，所以在这个时代顺应潮流，开发手机娱乐方面的东西，也会有很大的市场。移动互联网娱乐开发主要针对的应该是年轻的群体，而这部分人更容易被新鲜事物吸引，只要有足够的创新性，你的产品就有可能受到人们的喜爱，迅速流行起来。

以前互联网的巨头在行业当中是绝对强势的，地位根本不是刚出道的小企业能够撼动的，新企业甚至连生存的空间都没有。但是，随着移动互联网时代的到来，这一切都成为过去。这个时代有着无限的商机，它对每个人都是公平的，只要你有能力，就可以有自己的一席之地。

百度、腾讯、阿里巴巴这几个互联网的巨头，面对移动互联网时代的大潮，也不敢有丝毫的松懈，而是积极作出改变，以适应时代的发展。如果不是这样，他们很可能会在这个商机无限的时代败下阵来。

过去旧的模式已经土崩瓦解，在全新的移动互联网时代，所有的商业形态都在重新进行整合，市场的格局也发生着天翻地覆的变化。在以前传统的互联网时代，企业只需要做大就可以了，现在则不同，一个企业若要发展，就得做精，往纵深里发展。只要拥有铁杆粉丝，就不怕别人的市场比自己的大，一样可以成功，小米就是一个非常鲜明的例子。创业者可以在这个时代快速崛起，大企业也不敢掉以轻心，毕竟在移动互联网时代，一切皆有可能。百度够大吧，依旧要努力改变才能保证自己的地位。

在以前,百度无论做什么都没有太大的危机感,就凭它是国内第一大搜索引擎这一点,就让它有足够的资本在任何时候都屹立不倒。但是当移动互联网时代到来后,百度就不敢那么自信了,因为这个时代处处都是商机,大企业也不敢说没有被挤下台的危险。

随着移动互联网大潮袭来,百度赶紧在内部展开了反思,想想以前的情况,再看看现在的场景,百度觉得很有必要进行改革了。在传统互联网时代,百度是以获得流量为最高原则的,认为只要有了流量,就拥有了一切。但现在不同了,除了有足够大的流量之外,它还必须考虑自己真正能给用户带来什么样的价值。

像百度这么大的企业,一个观念上的转变,就能带来非常大的影响。以前百度对上网的理解,就是用户在电脑面前打开网页,但现在这种理念显然行不通了,因为用户无时无刻不在上网,随时都和网络保持连通。因此,百度要做的,是要让自己的服务时刻围绕在人们身边,使自己变得更有价值。

百度以积极的心态应对时代的变化,对移动互联网作出积极的反应。以前百度的软件都是安装在电脑上的,现在要把这些软件全都转化成手机软件。在使用电脑的时候,人们可能一打开浏览器,主页就是百度,所以百度不用担心人们找不到它。但是在手机里就不一样了,所以它要考虑怎样才可以被大多数人找到。

移动互联网时代手机应用的推广也是一个问题,因为它不像电脑上有那么多的广告和提醒,所以怎么推广自己的应用,也是百度要思考的问题之一。百度还在手机输入法上作研究,因为手机输入比电脑输入要慢很多,所以这方面的开发还是很有意义的。

正是因为百度迎合当下的时代潮流,紧跟时代发展的步伐,所以能够在移动互联网时代屹立不倒。

百度这么大的企业,都不敢在移动互联网时代有丝毫的松懈,因为它知道,这是一个最好的时代,也是最坏的时代,风险和机遇共存。假如你失败了,很快就会被别人超越,被时代碾压;假如你成功了,就会扶摇直上,连大企业也阻碍不了你的发展。所以,我们不能因为害怕失败,就停步不前,那就只会有失败这一种结果。道理很明显,如果你没能抓住这个时代,就错过了移动互联网的大潮,就将失去亿万商机。

和百度相比,全球手机行业曾经的领军品牌诺基亚,就在移动互联网时代遭遇惨败。

根据最新的调查数据可以知道,诺基亚不但在其他地区的市场上没有太大的销量,就连在自己的老家芬兰,状况也是不容乐观,完全被外来的三星压制住了,根本没有还手的余地。三星甚至还表示会在芬兰设置自己的研究中心。

在被微软收购的时候,诺基亚的 CEO 说:"我们并没有做错什么,但不知为什么,我们输了。"这句话听起来让人感到一阵心酸,但是,事情真的是这样吗? 诺基亚实际上错过了移动互联网时代,也错过了亿万的商机,这才是它最终惨败的根本原因。

当苹果已经在一部分消费者那里有了很深的影响时,诺基亚仍旧活在自己的天地里,不知道移动互联网的大潮已经汹涌而来,浪头已经打到沙滩上了。诺基亚认为苹果不抗摔,不会威胁到自己的地位。虽然诺基亚推出了N97,也引起了一定的反响,但那也只是回光返照,苹果迅速占领市场,诺基亚很快就被打败了,败得连自己都觉得莫名其妙。

在世界的手机市场上,诺基亚遭遇了惨败,不过它还有自己最后的一道防线,那就是芬兰。芬兰人会支持自己的品牌,是不会轻易放弃诺基亚的。但事实证明,产品才是最重要的,诺基亚没有及时跟上移动互联网时代的发展潮流,失去了产品的领先地位,没有抓住商机,最终在所有的战线上都一败涂地。

在移动互联网时代,市场的情况瞬息万变,没有谁能主宰市场,没有谁能抗拒时代,只有顺应时代的人,才能站在风口浪尖,成为时代的弄潮儿。抓住机会,一个名不见经传的小企业就可以迅速崛起。因此,在这个时代,你一定可以做点什么,变化很快就会出现,也许就在明天。不要错过移动互联网时代,否则你失去的将是亿万商机。

苏宁、银泰：线下体验，线上销售

在移动互联网时代，如果不能推陈出新、标新立异，就很难在众多的竞争对手当中脱颖而出，同时也就无法取得太大的成就。苏宁和银泰就在积极改变自己的策略，现在线上销售不是很流行吗？那就不单纯只做线上销售，还要做线下体验，通过这种方式来赢得更多的用户。

实行线下体验、线上销售的策略，把线下和线上结合起来，好处有很多，因为它们在结合的时候，也把各自的优点结合到了一起。

我们先来看看银泰是怎么做的。

在网购越来越火爆、各大电商的竞争已经到了白热化的今天，银泰悄悄开了一些线下体验店。这些店铺不算特别大，营业面积为100～300平方米，出售中高档的服装、饰品以及鞋包等，它所遵循的概念和集合店有些类似。

银泰这些店铺里面的东西都是买断的产品，而且都是从各个国家采购来的时下最流行的款式。顾客在店里不但可以挑选自己喜欢的产品，还能够通过店里的设备到网上进行选购。从店铺的整体风格上看，线上对于线下的实体店并没有太大的影响。有些店里设有超大的触摸屏,假如消费者喜欢某件产品,可以直接从这里在线上购买。不管消费者是在店里直接购买,还是通过店里的上网设备在网上购买,都能要求商家把商品送到自己家。

线上和线下各有各的特点、各有各的优势,无论舍弃哪一个都是不明智的,最好的方法是将它们结合到一起。

2014 年 7 月 24 日,银泰和朝阳大悦城合作的名为"im"的店铺在北京朝阳大悦城开店。因为风格独特,选择的位置又好,它刚一开店就吸引了很多人的注意。在店里,有一个专门的网购体验区,那里有很多 iPad,供消费者在网上挑选商品。就是因为独特的购物体验,这个"im"店刚开张就门庭若市、生意兴隆。

线上和线下相结合的方式,能够给顾客全新的体验,更能满足他们的需求。这一点,从银泰在朝阳大悦城开店后的火爆情况就可以看出。线下体验、线上销售之所以有这么好的效果,是因为它将线上和线下的优点结合到了一起。那么,线上和线下的优势分别是什么呢?我们可以先看看线下的优势。

首先,线下的东西是看得见、摸得着的,不像在网上购买的时候,看到的全是图片,没有实物。真实,是店铺和网店相比最有优势的地方。消费者如果在网上买东西,没有亲自体验到使用这件商品的情况,只看到一些图片,然后听一听别人的评论,这种认知就是建立在比较虚无的基础上,有些不靠谱。有很多人在网上看中了一样东西,但是买回来才发现不是自己想要的,这种情况时有发生。但是在实体店里买东西就比较少有这样的事,消费者可以自行挑选,看好了再决定买不买。

　　在店里买东西，销售人员和消费者面对面，可以根据当时的实际情况对商品进行介绍，更容易使交易达成，这一点也是网上销售无法比拟的优势。

　　对实体店来说，顾客的数量也会成为一种无形的资产。人气如果旺盛，就会吸引更多的顾客前来，给店铺创造更多的价值。人们一般都会在下意识中有一种跟风的念头，当一家店经常有人光顾的时候，别人不管有没有购买的欲望，可能都会进去看一看，因此就有很多潜在的顾客被吸引过来。相对网上那种看不见摸不着的流量，实体店的这种顾客流量更加直接，对其他人产生的影响更大。

　　线上购物的好处也有很多。首先，在线上买东西，这些东西都比较时尚新奇，有不少是刚刚上市的，这就满足了消费者的猎奇心理。网购的风险性虽然存在，但这个风险性一般都在消费者可以承担的范围内，因此他们大多数情况下会选择购买，并乐此不疲。其实网购的风险并没有想象中那么大，因为很多商家都支持货到付款或者7天无理由退货，消费者完全可以在确认之后再买单或者选择退货，这就使线上购物和线下差不多了。

　　其次，线上购物十分方便，不需要消费者大老远跑到商场去，或者是为了购物逛一天的街。想要买什么，只需要在网上下单就可以了，在电脑前点点鼠标，或者是随时随地掏出手机，就能把问题解决。方便快捷，操作简单，不需要跑来跑去，这是线上购物第二个非常明显的优点。

　　最后，线上购物还有一个最大的，也是最吸引人的特点，就是商品的价格便宜。因为不需要开设实体的店铺，所以网店在成本上比实体店要低很多，而有些东西在购买的时候还要买家自付运费，这就更是节省了物流方面的开支。所以，线上的东西普遍比线下的便宜，这也是消费者优先选择网购的关键所在。

　　线上的商品一般都比线下便宜不假,但是当线上和线下结合起来的时候,这个说法就不一定正确了。线下体验,线上销售,这个价格也可以是一样的。

　　2013年6月8日,苏宁统一了线上和线下的商品价格,并且是以较低的价格为标准。线上线下一个价,这是一个很吸引人的做法,而苏宁也把"全网比价"这个口号喊得非常响亮,不管是电视上还是宣传海报上,到处都是这种宣传。本来就有新意,再加上宣传很到位,因此,这个做法受到了人们的广泛关注。

　　看到苏宁如此大胆的做法,有人觉得可能线下体验、线上销售的方式也会就此终结,变成线上和线下完全一样的情况。实际上,这也不是一时之间就可以转变过来的。线下的产品毕竟比线上多,把线上和线下等同起来目前还做不到。苏宁虽然作出了价格统一的决定,但并不能转变线下与线上相结合的现状。不过,这显然是对线下体验、线上销售的一个很好的推动。

　　在此之前,苏宁的线下实体店对线上的苏宁易购会有一点排斥。不过在价格统一以后,线上和线下的结合更加紧密,线下的人员会主动给消费者介绍,让消费者从网上购买。这是因为价格统一了,所有的销售业绩都是可以找到源头的,员工们不用担心自己做了无用功。

　　苏宁的很多实体店都有wifi网络,消费者在购物的时候可以随时上网,和线上的价格进行对比,十分方便。

　　苏宁把线上和线下的商品价格统一了起来,这无疑会使它在价格竞争当中处于劣势。不过苏宁方面曾表示,如果是一些带有恶意的价格战或者炒作，苏宁会根据实际情况作出判断和选择，不会盲目地和别人展开不理智的争斗。

现在无论是线上还是线下，竞争都异常激烈，把这两种方式放到一起，在线下体验，然后线上销售，就是一个很好的策略。苏宁、银泰都这么做了，目前来看效果很不错。顾客不是在网上无法体验到产品的性能吗？那就到线下的实体店体验一番，然后再到线上购买。这样一来，既不用担心买到不合自己心意的东西，又不用承担过高的费用，一举两得。

有人可能觉得把线上和线下联系起来不是一件容易的事，因为你不能保证别人在你的店里看好了东西，就一定会到你的网站上购买。其实这个问题不难解决，如果顾客到了你的店里，看中了产品，直接让他在网上下单，不就行了吗？实际上苏宁、银泰也正是这样做的。

在移动互联网时代，一定要推陈出新，抓住消费者的心理，尽最大可能满足他们的需求，不管是显性的需求还是隐性的需求。只有这样，才可能让消费者青睐于你，你才可以有超越竞争者的机会。苏宁、银泰这种线下和线上相结合的销售策略，无疑就给消费者带来了极大的方便，所以它们才会成功。

出租车网络大战："快的"vs"滴滴"

从"快的"vs"滴滴"事件中，我们能够看出，在移动互联网时代，没有哪个行业能够独善其身，所有的行业都在这场移动互联网的大潮当中受到了冲击，而且冲击的力度之大，是前所未有的。

就连出租车也迎来了一场网络大战，还有什么事是不能发生的呢？人们出门打个车，就这么简单的事，都能被商家趁机做文章，争个你死我活，这就是移动互联网时代的真实写照。竞争无处不在，处处暗潮涌动，前一刻还风平浪静，下一秒就可能是一场疯狂的厮杀。

打车这个应用刚刚开始开发的时候，有不少的商家在竞争，但是到了后来，就变成"快的"和"滴滴"之间的一场单打独斗了。

可以说，在打车这件事情上，这两家的争抢已经是达到了白热化的程度。一山不容二虎，因此，不管怎样，双方都不会轻易退让，一定要血拼到底。

现在的很多竞争，就是比谁的钱多，谁能先接受赔本生意，谁才能在最后赚钱。很多企业的成功都是这样的，刚开始赔本赚吆喝，拼命砸钱，到了成气候的时候，就可以把成本全都收回来了。"快的"与"滴滴"之间的争斗也正是一场资金方面的较量，而在刚开始的较量中，"快的"

明显取得了优势。

有人说如果企业不能挣钱，这个企业就是不道德的，但是话说回来，如果企业不烧钱，那这个企业根本就混不下去。就像电影做宣传一样，先要下本、烧钱，才能在票房上大赚一笔。企业不先烧钱，就不能占领市场，赚钱也就成了很遥远的事。

从打车应用的特点来看，烧钱可以说是必须要走的一步。关于这一点，"滴滴"的CEO程维早就看出来了，他明确表示说：烧钱是市场培育期必须做的事情。从"滴滴"和"快的"的融资情况就可以看出两者烧钱有多厉害了。

"滴滴"在2012年A轮融资300万美元，2013年5月份B轮融资1500万美元，2013年12月份C轮融资1亿美元。"快的"在2013年4月份A轮融资800万美元，2013年1月融资1亿美元左右。

在融资方面，是"滴滴"超过了"快的"，不过从市场方面来看，它们拥有的市场其实相差不大。尤其是当"快的"将大黄蜂收购以后，它的市场占有率变得更高了。

除了融资方面的大比拼之外，各种烧钱的价格比拼也相应展开。

2014年1月5日，人们可以在微信里找到"滴滴打车"的名字了，也能够从"我的银行卡"界面找到进入"滴滴打车"的便捷通道。1月10日，"滴滴打车"和"微信支付"推出了一种补贴的方式，只要乘客选择打车，就减少10元的路费，同时，司机将得到10元的补贴。1月21日，"快的"不甘示弱，同样也推出了这种活动，它在给乘客减少10元费用的同时,给司机补贴的钱更多,是 15 元。于是,两家公司的烧钱之战又进入了一个新的阶段。

到了 2 月 10 日,"滴滴打车"将补贴的数额调低,由 10 元变成 5 元。为此,"快的"也作出反应,进行了一些调整,不过对乘客的补贴依旧没变。"滴滴打车"很快坚持不住了,为了竞争,在一周之后,决定再次把补贴上调,还是 10 元。对于这种情况,"快的"则表示,它要"永远比同行多 1 元",于是把补贴改成 11 元,压了"滴滴"一头。

到了 2 月底,烧钱的价格大战变得更加激烈。"滴滴"决定把补贴的费用调整为 12~20 元,而"快的"便立即表示它的补贴金额最低为 13 元,还是比"滴滴"多 1 元。

价格战依旧在持续。3 月份的时候,两家公司都把补贴价格降为 5 元,但是时间不长,到了 4 月份,两家又对价格作了调整,相继把对司机的补贴调整为 11 元……

"滴滴"和"快的"之间的竞争在持续,双方都拿出数亿元的资金,靠烧钱让自己取得优势。这种竞争是小企业玩不起的,但是也能说明一个对大小企业都适用的道理——在移动互联网时代,一个微小的优势都可以成为赢得用户的筹码,赢得用户也就赢得了胜利。"滴滴"和"快的"两家补贴的差距大吗?不是很大,只有区区 1 元钱,但这 1 元钱的威力却不容轻视。

马云做事是非常大胆的,在烧钱这方面一点也不含糊,多少钱都敢往里砸。因为"快的"和支付宝是绑定在一起的,所以,马云想就让司机们都用上支付宝。于是,便推出了只要安装支付宝,就能够得到 50 元现金和 50 元支付宝余额的优惠政策。

　　"快的"其他形式的优惠还有很多：司机们只要每天能够让自己的"快的"软件在线6小时，就可以拿到5元钱；北京用户如果能把"快的"的户外广告拍摄下来，并分享到微博上，就可以拿到10元的奖励。

　　尽管马云烧钱烧得已经非常凶猛了，但腾讯同样是个大企业，如果论烧钱，同样也是烧得起的。补贴和奖励在吸引用户这方面确实是不错的招数，不过这种招数同时也非常容易被竞争对手模仿。都是大企业，马化腾当然不肯落后，在马云有动作的时候，他也有所行动了。

　　"快的"不是在北京抢占市场吗？好的，"滴滴"不跟你争北京，我在杭州搞优惠。于是，"滴滴"在杭州推出了每个订单都给司机优惠5～10元的规定。如果是在上下班的时间，这个补贴更是高得离谱，甚至高达100元，这真是让人万分期待。除此之外，如果司机能够让乘客扫描车里面的二维码，安装上"滴滴"的软件，就可以马上得到10元的奖励。

　　"快的"和"滴滴"之间的竞争这么激烈，结果如何呢？我们来看看下面的这份资料。

　　从《2013—2014年打车软件市场分析报告》里能够看出，打车应用的累积注册用户数量正在以惊人的速度增长。2012年，累积注册用户的数量只有400万，到2013年已猛增为2160万，增长率高达490%。根据推测，到2015年，累积注册用户可能会达到4300万，甚至更多。因为有了2014年与2015年的积累，打车应用将会形成自己的盈利方式，这会使它的用户增长速度减慢。不过即便如此，在2015年的增长速度也应该能达到48%以上。

　　2014年1月10日到2月9日，"滴滴"的用户数量突破了4000万大关,比活动以前多出 1 倍。"滴滴打车"每天能够接到的订单约为 183 万单,每天微信支付订单数量是 70 万单。2 月 11 日,"快的"每天 的订单数量是 128 万单,最多的时候超过了 162 万单,在这些订单当 中,用支付宝钱包支付车费的订单数量最多一天超过了 60 万单。

从上面的数据中,我们可以看到,在这激烈的竞争当中,双方的市 场都是在不断扩大的。"滴滴"和"快的"之间的烧钱比拼,是移动互联 网时代非常典型的竞争大战,表面上是在烧钱,实际上是通过改善用 户体验、给予用户优惠的方式,抓住用户的一种手段。

在移动互联网时代,想要在任何一个领域做好,都要下足功夫,从 细微的地方抓住用户的心。打车在日常生活中是很小的一件事,但同 样能引发两个大企业一场规模空前的大战。所以说,这是一个竞争无 处不在的时代,只有把所有的细节都做好了,才能最终胜出。

微信红包与微信小店

2015 年 5 月 13 日，腾讯公布了其 2015 年最新业绩报告，报告中提及微信已不单单只是一款充满创新功能的手机 APP，而是已经成为中国电子革命时代的典型代表，覆盖了全国 90％ 以上的智能手机，成为人们生活中必不可少的日常交流和使用工具。在 2015 年的第一季度末，每月活跃的微信用户已经达到了 5.49 亿。微信之所以能够如此大火，与它不断地与时俱进有着莫大的关系。随着微信用户的壮大，微信相继推出了微信红包与微信小店等诸多衍生功能。

2014 年的春节，除了看春晚之外，最流行的就是微信红包。这是微信推出的一项功能，人们可以通过它，向自己的朋友圈或者指定的人发送红包，金额的上限是 200 元。使用这项功能发红包或者接受红包，都需要绑定银行卡。

当时的情况非常火爆，简直就是人人都在抢红包，好像你不抢就被时代抛弃了一样。我们小时候经常会期待过年时的红包，没有想到，当我们都是成年人的时候，腾讯的一个抢红包活动，又把我们弄得热血沸腾、情绪高涨。

腾讯的这个手段真是相当高明，仅凭一个简单的应用，就把所有人的积极性都调动了起来。现在是移动互联网时代,手机上的软件那么多,你凭什么就吸引人的注意呢? 腾讯就靠着我们中国人的传统文化——过年发红包。有红包可以领,谁不高兴呢? 而且还不是领,而是抢,这就更有趣了。再加上使用的是软件,充满新鲜感,显得高端大气上档次,低调而不失奢华,这就使得人们纷纷"玩"了起来,还玩得很高兴。尽管领到的钱并不多,但人们情绪高涨,微信也就着实火了一把。

不管人们的评价和官方的态度是怎么样的,微信红包确实成功了,我们可以看一下它的相关数据。

当到处都在发红包的时候,有人说微信的银行卡绑定数量已经超过了支付宝钱包。而支付宝在 2013 年 11 月曾经说自己的绑定用户量即将达到 1 亿,也就是说,微信的绑定银行卡数量已经超过 1 亿了。但是,腾讯方面马上就否认了这一观点,表示这是讹传。

从财付通官方的数据显示,到除夕夜的时候,微信红包的数据是这样的:平均每个红包里的金额是 10.7 元;抢红包数量最多的一个人共抢了 869 个;参与人数最多的时间点是除夕夜,参与人数达到 482 万。

根据腾讯的数据可以看到,自除夕夜到大年初一下午 4 点,已经有超过 500 万人参与到微信红包活动中来,总计抢红包 7500 万个以上,成功领到的红包数量有 2000 万个以上,差不多每分钟就有 9412 个红包被人领取。

微信红包发出最多的时间是在除夕夜,腾讯公司没有进行宣传,不费一分一毫的力气,就导演了一场投资极小、票房却非常高的"大片"。这次活动是很有战略意义的，对微信将来的发展有极大的推动作用。

马云说它是一次"珍珠港偷袭"，这是个很贴切的比喻，因为它毫无征兆，匆匆而来，又匆匆而去，留下的却是深远的影响。这就是移动互联网时代的写照，你永远不知道下一秒会发生什么，一个行为就会瞬间刷新历史，创造无限商机。

在微信红包大火之后，微信又在2014年的5月29日正式推出了微信小店，把各种各样的小店放到微信上。有了微信红包的铺垫，不少人已将银行卡和微信进行了绑定，这就大大方便了微信小店的推广。

有了微信小店以后，用户只需要登录微信，就能十分方便地管理自己的货物、和客户联系了。有人曾说："微信不仅仅是聊天工具。"有了微信小店以后，这句话似乎马上就要实现了。微信小店一出世，就意味着移动电商的一场战斗即将展开，正因如此，它很快就成为人们关注的焦点。

想要开通微信小店，过程一点也不复杂，如果你已经进行过微信认证并已接入微信支付的服务号，就能在服务中心申请开通。在微信支付的前提下，人们可以通过微信的公众账号来卖东西。它的功能有很多，如开设店铺、商品上架、管理货物、保持与客户的沟通、权利维护等，都可以做到。

微信小店虽然有强大的微信平台作为后盾，但是电商领域已经有了硕大无朋的淘宝，微信小店能不能赚到钱呢？通过实际的例子就能看出来了。

微信小店推出的时间虽然不是很长，但已经有一家创业团队在这里创业成功,仅仅 6 天的时间就使自己的销售额超过了 100 万元,这家企业就是印美图。能有这么好的销售业绩,印美图的 CEO 黄昱钊也感到非常惊讶。

印美图之所以能够取得成功,成为微信小店当中第一个收入破万元的品牌,是因为它和微信的功能紧紧联系在一起。用户能够通过印美图,十分方便地将自己想要的图片打印出来,因为方便,所以受到很多人的喜爱。

印美图给用户提供的是即时相片以及声音卡的打印服务,只要用户关注了它的公众账号,就可以把照片发送过来,然后在硬件里拿到自己的照片。这种立等可取的图片打印方式,符合人们的需求,也结合了微信的功能,新鲜感十足,对用户的吸引力很大。除了打印照片之外,印美图还有一种功能——在照片上留言。用户只需要扫描照片上的二维码,就可以听到自己当时的留言了,特别酷。

印美图在线上和线下同时推出自己的硬件设备,因此受到买家的喜爱。同时,微信小店的朋友圈给它提供了一个非常好的销售渠道,这才使它在创业之初就取得巨大的成功。

从上述例子中能够看出,微信小店确实是可以赚钱的。那么我们应该怎么看待微信小店呢?

有的人认为它非常方便,在打开微信的时候就可以顺带看上几眼。正因为微信小店是刚兴起的,因此很多店主会搞促销活动,在这里买东西会很实惠。有的人则认为,微信小店的功能不足,也不能像淘宝上那样,搜索一件商品,然后货比三家,这是它的硬伤。

我们不能预测出微信小店今后会有什么样的发展,不过它的门槛比淘宝要高，不可以是个人，一定要是企业。这样一来，它里面的商品在质量上就会比淘宝更有保障。淘宝就像是一个大商场，里面什么东西都有，却需要你慧眼识珠，自己去"淘"；微信小店则是在交友的基础上发展起来的，是人对人的，因此买家找对了人以后，会直接下单购买。

虽然现在微信小店无法和淘宝相比，但它很有新意，是微信对电商的全新探索，它的未来将有无限的可能。

从微信红包到微信小店，腾讯的微信业务做得越来越全面，触角也伸得越来越远。最终的结局怎么样，我们谁也不能断言，但一个产品只要能够在竞争对手面前存活下来，就有翻身的机会。这是移动互联网时代，商机无限，一切皆有可能，说不定明天过后，就是微信一统江湖、号令群雄的时候了呢？

亿万财富就在我们眼前

2012 年，全世界的移动网络数据流量比 2011 年增加了七成；2013 年第一季度，我国的移动互联网同样是涨幅惊人，达到 50％以上；预计到 2020 年，我国的移动互联网流量会占到全世界的 30％。所以说在移动互联网时代，亿万财富就在我们眼前，关键就看你能不能抓住机会了。

我国的互联网现在也已到了"大数据"的时期，整个移动互联网的流量在急速增长，在全世界互联网流量当中所占的比例越来越大。智能手机的发展，让每个人都可以成为一个上网的节点，通过自己手中的移动设备，和整个网络连接到一起，形成一张前所未有的大网。

网络越来越庞大，信息的传播速度越来越快捷，这就使得服务方式也多种多样，商业模式可以变成很多以前人们想象不到的样子，而一个模式的改变，代表的不仅仅是创新，更是亿万的财富。因为手机越来越智能，人们可以在任何时间、任何地点使用多媒体和网络连接，消费变得无处不在，受到的约束小到几乎可以忽略不计。

在移动互联网流量激增的今天，几乎任何东西都是可以赚钱的，只要有人愿意用，有人愿意给，这个交易就算是达成了。以前谁能想到做个地图软件也可以赚钱，但现在就是可以。

当人们的手机可以随时搜索地图，并通过定位来确定自己的路线时，地图应用一下子就变得非常火。苹果手机有自带的地图，诺基亚现在被微软收购了，不过它手机里也有自己的地图，手机都自带地图了，那么地图APP还有市场吗？有！高德地图正是手机地图界的佼佼者。

"高德地图哪都熟！"这是人们耳熟能详的广告词。高德地图是苹果在我国唯一的地图合作者。高德地图认为，地图对智能手机来讲是一个非常有建设意义的应用，就相当于PC端的百度搜索一样，有很大的发展空间。如果能够做好这项应用，就能在不久的将来变成移动互联网最能创造收益的那个点。

这种观点并不是随口一说的，它有足够的数据作为依据。调查结果表明，在苹果的应用下载使用当中，基本上排名靠前的应用都是和位置服务有关系的，这就说明，在所有需求当中，人们对于位置服务的需求是最多的。如果找一个最直观的例子，那就是微信，微信之所以能够一下子红透半边天，就是因为它确实满足了人们对位置服务的很多需求。微信每天对位置的服务次数高达2亿次，高德地图就更不用说了，每天对位置的服务差不多有10亿次。不管从哪方面来看，人们对位置服务的需求都是最多的。

很多品牌的手机里面都有自带的地图APP，这就说明地图是移动互联网时代极受人们关注的问题。高德地图正是抓住了这一点，努力打造一个用户都说好的地图。事实证明，它的努力没有白费，其用户量一直在迅猛增长。高德地图有全国最大的实时采集信息数据库,并且在这上面一直都有很大的资金投入,力求给用户最好的服务、最新的地理信息,这也正是它能抓住用户的根本原因。

尽管地图服务是免费的,但在移动互联网时代,只要拥有了足够多的用户,想赚钱就是很容易的事情。高德地图先是努力打造用户体验好的应用,给用户创造价值,虽然刚开始不会赚到大钱,但要赚的时候,相信肯定是巨额的财富。

移动互联网时代,没有什么是不能赚钱的,只要想到了,就可以创造财富。做地图能赚钱,做电商能赚钱,开网店能赚钱,卖个煎饼果子都能赚大钱。

"药药,切克闹,煎饼果子来一套,一个鸡蛋一块钱,喜欢脆的多放面,辣椒腐乳小葱花,铁板铁铲小木刷……"这首关于煎饼果子的歌可谓是红遍网络。说起煎饼果子,没有人不知道的,但如果要说一个煎饼果子店一年能有 100 亿元的销售额,这恐怕就没有人相信了。但是,它却是黄太吉的目标。

一开始黄太吉只是北京一个毫不起眼的小店,连座位都只有 13 个,卖的是煎饼果子这种极为普通的食物。然而,它竟在竞争如此激烈的今天迅速发展壮大,这简直是个奇迹。

黄太吉的创始人赫畅认为,在这个移动互联网时代,我们要用新的思维去重新定位传统的行业,把以前的成本结构颠覆掉。赫畅以前曾经从事过互联网行业的工作,在百度以及谷歌都工作了一段时间,并且自己成立过两家广告公司,不过并没有什么出色的表现。于是,一怒之下，赫畅觉得自己应当争口气：宁当鸡头，不当凤尾。结果，他就开始卖煎饼果子了。

在干互联网工作的时候，也许他不是最优秀的，但是转行卖煎饼果子了，他就是这个行业里最有移动互联网头脑的人。他觉得，虽然腾讯、阿里巴巴、百度这三家"BAT"企业都很牛气，但当腾讯和阿里巴巴好不容易把市值做到了千亿美元时，麦当劳的市值早就达到1000亿美元了。把国内那些比如360、YY和唯品会等全部加起来，都不如一个肯德基的母公司百盛集团大。

所以赫畅说：中国未来也许会有一个超级传统品牌出现，也许未来30年应该可以有一个走向世界的传统品牌，所以我决定拿自己来做一个实验，看我能不能把煎饼果子卖得不太一样。

于是，赫畅把传统的煎饼果子和移动互联网结合起来，做出了非常好的成绩。

黄太吉的目标是把中国的传统美食做成像麦当劳、肯德基那种全球性质的连锁店，不知道这个目标还要走多久才能实现，不过在这个移动互联网时代，没有什么是不可能的。说不定很快它就可以达到营业额100亿元的目标，说不定它接着就可以在海外产生巨大反响，成为风靡全世界的中式快餐。

手机移动终端上网，现在已经成为人们上网的一种主流方式，甚至有些人在家里放着电脑不用，也要用手机上网，不管是看电视剧、看广告还是网购，人们都喜欢使用手机。手机的一大好处是，它不需要你正襟危坐，完全可以用任何的姿势，甚至躺着玩手机，这是电脑不具备的特点。随着智能机技术越来越发达，它的功能也越来越接近电脑，移动互联网的大潮汹涌而来,并且绝不会在短时间里停歇。

　　移动互联网时代,实际上是一个最好的时代,它充盈着变化,每一天都是全新的一天,商机随时有可能出现。只要你肯花费心思,用移动互联网思维去思考,也就有可能抓住这亿万财富。

第二章
破解移动互联网思维，找到真正的 O2O 思维

移动互联网时代已经气势汹汹地席卷而来，在时代的大潮中，想要站得稳，不被浪潮冲垮，最重要的是改变自己的思维。思维决定行动，只有思维跟上时代，脚步才能跟上时代。在移动互联网时代，传统的思维已经行不通，因循守旧只有死路一条。那么，移动互联网思维究竟是什么？它又存在怎样的误区呢？

移动互联思维的五大误区

现在已经有不少人知道了移动互联网思维的重要性，也知道企业只有赶紧把自己的传统思维转变成移动互联网思维，才有出路。但是，在通往正确的移动互联网思维的道路上，还存在着五个误区，它们就像是跑道上的迷雾，让你不敢放心大胆地一路飞奔，否则就有可能南辕北辙。

移动互联网思维看似美妙，但如果不知道它的误区，它就会变成虚无缥缈的东西，让你感到难以捉摸。所以，了解移动互联网思维的五大误区是十分有必要的。

误区 1：认为移动互联网无关紧要

手机从 3G 到 4G，进化得实在是太快了，简直让人来不及作出反应。现在基本上已经是人手一部智能手机，随着无线网覆盖率的增加和移动互联网技术的飞速发展，手机的用户数量也是急速飙升。然而，在绝大多数企业已经意识到移动互联网时代需要进行思维革命的时候，还有一些企业觉得移动互联网和自己的关系不大，它只不过是被人们"炒"起来的东西，是个噱头，不能对企业起到实质性的作用。

这样的企业总是觉得移动互联网离自己很遥远。即使人们说得天花乱坠，也无法应用到企业的实际发展当中。但如果不在平时提一提，又显得十分落伍。所以，在他们看来互联网思维是一种"鸡肋"式的东西。他们还认为，假如用移动互联网思维来转变企业的模式，就要和那些行业巨头抢地盘，这也是一种以卵击石的"自杀"行为。

点评：移动互联网对每个企业来讲都非常重要，绝对不容忽视，那些认为它无关紧要的思想，都是错误的。一个新鲜事物的兴起，一开始很有可能是被人们"炒"起来的，但既然它能够持续发展起来，绝对有它的道理。

移动互联网经过这几年的发展，已经在各行各业展现出它的威力。几乎所有的巨头企业，以及各类大、中、小企业都在努力转变自己的思维，适应移动互联网时代，这就说明它能给企业带来好的效果，否则这些企业绝不会这么做。

至于和巨头竞争的问题，在移动互联网时代，没有什么巨头不巨头的，只要能够满足市场，赢得消费者的喜爱，就会成功。这一点，从小米的成绩就可以看出来。不管你的企业大还是小，有用户，你就是王者。

误区 2：认为只要是广告就可以产生流量

对企业来说，想要让自己拥有市场，广告是必不可少的。在移动互联网时代，广告仍然是极为重要的营销方式，但是有些人却在理解上产生了偏差，认为只要是广告就可以产生流量。

企业在有了移动 Web 官方网站以后，就会到搜索厂商那里购买相应的关键词。这需要和别的企业竞争，如果愿意出比较高的价钱，搜索结果出现的时候,就会排在前面的位置,广告产生的效果也就比较好。

这一点人们都知道,不过人们还往往忽略了一个事实,手机的屏幕大小不一,会给人们的搜索体验带来了很大的局限性。还有就是不少人已经对移动品牌有了固定的认识,通过搜索广告的方式,并不能使企业的用户流量增加太多。

点评:如果一个企业刚转型,朝移动互联网方向发展,千万不要太依赖于移动互联网的广告,应该只把它当成一种辅助的手段。如果想提高自己官网的排名,可以通过优化自己搜索引擎的方法,让它的排名发生天然的变化,而不是人为改变。另外,关键词的选择也是十分重要的,最好选择那种人们广泛知晓,但目前还没有被用滥的词。

误区 3: 盲目效仿社交媒体营销案例

有不少企业因为太想发展了,却又没有对移动互联网思维有真正的了解,表现出来就是盲目跟风效仿。看到微信、微博营销很火爆,就马上把精力和资金都投到里面去,结果却发现,事情并没有想象中那么简单,根本得不到太多回报。

中小企业对于营销方面的事情本来就没有太强的能力,在移动互联网时代,看到一个成功的案例,就马上照搬过来,忽视了自己本身的情况,这样的结果,不仅导致了失败,还对移动互联网失去了信心。

点评:既然要积极投身移动互联网思维革命,首先就要对它有清醒的认识。移动互联网时代确实是商机无限,不过这还是要建立在自身的硬件基础之上。移动互联网的营销虽然很容易产生成效,但一定要结合自己的情况，不能盲目跟风效仿。只有理论和实际相结合，才能使移动互联网思维给企业带来好处，而不是坏处。

误区 4：对移动互联网的供应商选择不够精细

因为一些企业在移动互联网方面没有专业的开发团队，也没有足够的资质，想要进入移动互联网领域，只能是依靠供应商。供应商给企业提供了进入移动互联网大门的门票，这是不少企业进行转型的第一步。但是，因为在选择供应商的时候粗心大意，或者是太心急，就可能会出现选择上的失误。这样一来，企业不但得不到好处，还会遇到麻烦。

点评：企业在选择移动互联网供应商的时候一定要小心谨慎。要知道，有不少供应商号称自己提供免费的 APP，但是等企业上钩以后，他们会不断收取费用，说是托管费。还有的供应商只提供给企业 APP，至于怎么运营，他就不闻不问了。企业因为没有经验，在面临困难的时候，只能干着急，最后失败。

免费的东西往往是最贵的，企业在选择供应商的时候，一定要找在这方面资质较深、实力过硬、经过考验、值得信赖的公司。不要贪小便宜吃大亏，到时候后悔莫及。

A 公司是一个专门帮助企业打造 APP 的公司。A 公司为企业打造的 APP，能够将企业的产品、信息等一系列的东西展示出来，还提供在线沟通咨询的功能，并且有直接连线到企业的电话服务。

请 A 公司做了相关门户网站以后，企业会得到 A 公司的企业级社交平台里搜 V 商的认证账号，并且还可以得到微信和微博的认证和公众账号。

A 公司开发的 APP 的各种功能还在不停地进行优化,新功能不断推出,比如轮播图功能、地图导航、活动推送、邀请分享等。除此之外,A 公司还经常会搞一些活动,让企业得到更多的好处。

目前来看,A 公司在企业级移动应用的市场上逐渐发展壮大,其范围覆盖面相当广泛,包括了服装业、电子科技、汽车配件、家居等很多行业。A 公司正受到更多人的关注,在给企业打造 APP 方面十分值得信赖。

例子中的 A 公司做得非常好,一个能够不断发展壮大自己,并服务到位的公司,才是值得信赖的。因此,企业在寻找合适的供应商时,一定要找这样的公司。

误区 5:太过依赖合作对象

因为企业自己对移动互联网的了解不是特别深入,所以就会在和供应商合作的过程中产生依赖的心理。企业过分依赖供应商,供应商就有可能会趁机抬高价码,开出对企业不利的条件。要知道,尽管 APP 是需要供应商来帮助打造出来的,但企业在 APP 的更新以及推广方面还是要有自己的主见,否则就可能会把事情搞砸。正因如此,不管供应商表现如何,太依赖他们的行为都是不合适的。

点评:企业若要在移动互联网方面深入发展,就要与合作伙伴保持良好的关系,能深入合作当然是最好的结果。但是在企业向移动互联网转型的时候,一定要时刻牢记自己才是主体这一点,不要过分依赖合作对象。APP 虽然很强大,但若没有企业本身的支持,它就会成为无源之水、无本之木，很快就会枯萎。

　　总之，移动互联网虽好，但若不小心陷入它的误区，结果也是非常糟糕的。在对移动互联网还不是很熟悉、摸着石头过河的阶段，一个不小心，就可能让你栽个大跟头。因此，这五个误区，一定要谨慎提防，先一步避开。

读懂移动互联网的九大思维(一)

　　企业若要在移动互联网时代有自己的一席之地,首先必须要将它的正确思维搞懂。如果整天喊着要转变思维,要用移动互联网思维武装自己,却连什么是正确的思维都不知道,那就只能是空有口号,却毫无益处了。

　　简单来说,移动互联网一共有九大思维,我们先来看看其中的用户思维、简约思维和极致思维。

用户思维

　　在互联网思维当中,用户思维是最重要的一项,如果没有它,其他的互联网思维就无从谈起。用户思维指的是什么?就是无论企业做什么事,有什么样的转变,首先应该考虑的不是自身的利益,而是用户的利益。只有处处以用户为根本,让用户知道企业是为他们着想的,他们才会对企业死心塌地,成为企业的粉丝,将来无论发生什么事,都愿意和企业站在一起。

　　以前的企业,不用过多考虑用户的想法,只要做好自己的产品就行了。但在移动互联网时代,企业和用户是互动的,如果不注意从用户的角度多想想问题，一旦用户不满意，选择了离开，企业便很难做下去。更重要的是，当企业遇到困难的时候，如果有一大批忠实的粉丝，就能帮助企业渡过难关；若不注重和用户之间的关系，企业倒下之后就很难东山再起了。

企业一定要在运作的各个环节都想着用户，只有时刻在心里想着用户，才能让用户感受到企业的脉搏，和企业同呼吸共命运。当用户和企业站在同一条战线上的时候，用户就变成了粉丝。在移动互联网这个人人都可以发出声音的时代，粉丝的价值绝对不容小觑。

移动互联网时代是每个人都可以对企业产生重要影响的时代，如果企业不能让用户参与互动，这个企业就落后了，会被时代抛弃。粉丝经济是这个时代明显的标记，企业只拥有用户还不够，要想办法将这些用户转变成粉丝，这样才可以创造价值。

用户是一群普通的消费者，他们还没有对企业产生归属感，吸引他们的是产品。如果产品出了问题，他们马上就会离开，不会为这个企业多花一分钟时间。但粉丝就不同了，即便是一个企业生产的产品有瑕疵，他们还是会接受这些产品，因为他们对这个企业有感情。

粉丝是移动互联网时代最有价值的东西，一个品牌若是没有足够的粉丝支撑，肯定不会长久。有了粉丝，企业就有一大批愿意为其买单的消费者，而且这些消费者还能给企业的发展指明方向。所以说，粉丝不仅是企业的衣食父母，同时也是企业的导师。

电影《小时代》的业界口碑很差，在豆瓣的评分也只有可怜的 4.8 分，但是票房却一直都很好。《小时代 1》票房 4.84 亿元，《小时代 2》票房 2.9 亿元，《小时代 3》票房更是了不得，上映第一天的票房就高达

1.1 亿元，然后很快就突破了 5 亿元。《小时代》三部电影的总票房超过了 13 亿元人民币，是目前我国系列电影里票房最高的。为什么口碑极差的电影会有这么好的票房？就是因为粉丝经济。不管是导演郭敬明还是一众演员，都是话题性人物，而且拥有大批的粉丝，《小时代》还没上映，就未播先火了，这就是它的成功之道。

在 2014 年 8 月 7 日上映的《绣春刀》，一上映就好评如潮，在豆瓣的评分高达 7.7 分，但是却始终叫好不叫座，上映初期的票房十分惨淡。虽然到后来票房有所提高，但也是难以突破亿元大关，止步 9000 万元。一部能在网络和媒体好评如潮的电影，最终的票房却连《小时代 3》首日的票房都比不过，原因就在于它没有粉丝。很多人一开始甚至根本不知道有这部电影，直到电影院的人推荐了《绣春刀》，也不知道这部电影是讲什么的，到了播放的时候，偌大的电影院只有二十几个人在观看，这就是没有粉丝的尴尬。

移动互联网时代，没有粉丝是绝对不行的。粉丝不但是消费者，还是宣传者，不但为企业买单，还能口口相传免费帮企业扩大知名度。怎样才能把用户变成粉丝？用户思维！只有时刻都为用户着想，才能用真心换得用户的真情。

简约思维

最简单的就是最好的，这句话应该被奉为移动互联网时代的真理。对待那些看起来和自己无关的东西，人们一般都缺乏耐心，就算是对自己的工作，很多人也会浮躁。真正有耐心的人少之又少，而在信息传播飞快的今天，人们的耐心比任何时候都更缺乏。在移动互联网时代，简约才能受到人们的欢迎。

要使一个企业成为同类型企业中的王牌，必须有简约思维，不盲目搞多元化；要做出好产品，同样也必须有简约思维。

苹果公司原本是一家即将破产的公司，但是乔布斯回归以后，直接将 70％ 的生产线一刀切掉，只把注意力集中在 4 款产品的开发上。终于，苹果从破产的危机当中转危为安，成为现在笔记本和手机行业的霸主。苹果一直坚持自己的简约思维，即便它的苹果手机大火，但它像其他品牌那样，生产很多型号的手机，让消费者晕头转向吗？没有，即便是 6s 时代，苹果的手机也只有 4 款而已。

企业就是要有这样的自信，否则不可能走上巅峰。简约是一种力量，就像是术业有专攻，博学自然是好的，但只有专精才能成为行业当中最强的。再简单又如何？就算只有一种产品，只要它有市场，一样可以成就不凡的事业，这就是"一招鲜，吃遍天"。只要你的产品好，消费者愿意买单，就够了。

产品也是越简约越好。苹果的手机，只有一个按键，就把所有的事情都做了，简单方便。谷歌、百度的搜索页，只有一个搜索框，不像别的网站那样乱七八糟一大片，让人眼花缭乱。360 安全卫士和 360 杀毒，风格都十分简约，一个按键就解决了问题，即便是从来没有使用过的人都知道该怎么操作。任何产品都是如此，越简约，越能方便人们的使用，就越受到人们的喜爱。

简约思维贯穿在企业生存的方方面面，只有简约，企业才能有生命力，产品才有竞争力。在移动互联网时代，有太多的例子能够证明这一点。但是,还要注意,简约并不是简单,它是专注于产品功能、处理好各方面细节之后的结果,如果只是追求简单,却没有了功能,同样也是不行的。

极致思维

在移动互联网时代,大批量生产"中庸"型产品已经行不通了,想要在激烈的市场竞争中胜出,必须要有极致思维。所谓的极致思维,就是把一切都做到极致,做到最好。你的产品应该是最棒的,你的服务应该是最贴心的、最人性化的。极致,就是拼了命也要让用户体验到最好的东西。

在极致思维的理念下,有三点一定要做到:一是要找到用户的痛点,知道用户最需要的是什么,这是非常重要的。你应该把自己的力量全部集中在能起到作用的点上,而不是分散自己的力量,去做一些无关痛痒的事情。二是要逼迫自己去做到极致。有人说"不疯魔,不成活",这个观点在移动互联网时代很正确,想要拿出好的产品,提供令人尖叫的服务,你得逼自己一把。三是管理要严格,绝不马虎。人都是有惰性的,也有人性的弱点,这需要靠管理来弥补。好的企业是管理出来的,一定要相信这一点。

好产品、好服务、好口碑,这些是企业最好的广告。如果人们能够自觉口口相传,向身边的人推荐企业的产品,这就是最成功的营销。这绝不是大面积做广告能达到的效果,而要靠企业用极致思维,打造出最好的产品、最好的服务。

移动互联思维是移动互联网时代对每个企业都适用的正确思维,不管是大企业还是小企业,都应该积极把自己的旧思维调整过来。以上是九大思维的前三种,先搞懂了这几项,然后再来看接下来的几种思维。

读懂移动互联网的九大思维(二)

　　了解了三种移动互联网思维之后，可能对这种思维方式有了一定的认识，但这还不够。毕竟思维能够决定企业的行为，进而决定它的命运。我们必须懂得更多，才能够在移动互联网时代站稳脚跟，然后走向远方。

　　下面就来看看迭代思维、流量思维和社会化思维。

迭代思维

　　现在的科技高度发达，不管是什么行业，产品的更新换代都是非常快的，这从我们日常生活中就可以看出来。我们穿的衣服，不管在什么季节，都有新款设计出来，你永远也无法保证你身上穿的这件就是最流行的款式。在我们的电脑、手机上，系统和软件都在不停地更新。上网玩的一款游戏，也在不停地升级版本、打补丁。手机、电脑、电视等各种商品都在不停更新换代，新的型号一推出，旧的型号就有可能价格大跌。

　　在当今这个任何东西都在发生日新月异变化的移动互联网时代，迭代思维对企业的生存和发展至关重要。企业需要不断前进，就像是逆水行舟,不进则退。别的企业都在拼命力争上游,一旦你停了下来,就会落后,落后就要退出这个市场的大舞台。

迭代不仅能够用来研发全新的产品,还给了企业完善自己产品的机会。任何产品都不可能十全十美,即便它本身的问题很少,也可能只是满足一批人的需要,如果想扩大市场,让产品的受众更多,可以进行微调整,不过这同样需要迭代,就像 iPhone 5 和 iPhone 5s,红米和红米 Note 一样。

迭代思维让企业有更多的容错空间。既然革新是不断进行的,那么即便有了错误也不要紧,马上就能够调整过来;既然是不断创造,出错就是在所难免的。迭代让企业不断前进,并在前进中完善,然后再继续前进,如此循环,生生不息。

谷歌在开发产品的时候使用的就是迭代思维,利用不断迭代的战略,将自己的产品打造得非常完美,被绝大多数的人接受。谷歌始终坚信,只要是软件开发,就不可能做到完美,它永远都有提升的空间,可以做得更好。因此,谷歌的策略就是"永远 beta(测试)版",一直走在提升产品性能的更新之路上,从不停止。

自谷歌的邮箱 Gmail 开通以来,一直标注着 beta 版,直到用了 5 年,用户对这个邮箱基本满意了,谷歌才将这个标注去掉,成为正式的邮箱。

谷歌在和苹果手机的 iOS 智能操作系统较量的时候,使用了和苹果完全不一样的迭代开发策略,取得了非常好的效果。谷歌在自己的安卓操作系统上面使用的是开源软件模式,和很多企业共同生产智能手机和平板电脑。安卓系统由 Android 2.3.3 升级到 Android 4.0,期间所用的时间只有半年左右，这让很多手机甚至没有时间去更新换代，无法支持最新版本的安卓操作系统。但是谷歌并未停止更新换代的步伐，Android 4.1 和 Android 4.2 紧接着就出现了。

谷歌的迭代速度简直是疯狂的，这让很多和它合作的企业都感到无所适从，各种因为更新而出现的操作系统适配问题都出现了。然而谷歌在迭代思维指引之下，对系统的更新换代有足够的决心，用快速更新使得合作企业也不停地更新产品，赶上市场的步伐。

经过不停迭代，安卓系统的技术水准在很短的时间内就追上了苹果的 iOS 系统。

谷歌利用快速迭代在强大的竞争对手面前存活下来，而微信能够迅速火起来，它的迭代思维功不可没。微信的开发也是一个不停迭代的过程，正是因为更新迅速，它很快就找到了自己能够依赖的核心功能，不但在竞争激烈的市场中存活下来，还迅速发展出了上亿的用户。

前面已经说到，在移动互联网时代，需要有极致思维，但是产品和应用不可能一开发出来就是最好的，想要把它做到极致，就需要迭代思维。谷歌和微信的成功，正是因为它们不断完善，通过快速迭代，让自己的产品更加完美。

迭代中需要注意的关键点是，一定要循序渐进，如果不能一下子就把缺陷全都消除，至少每次都有一点进步，这样消费者就会充分理解，并且对企业充满信心。迭代要尽可能快速，如果慢吞吞的，就失去了它的价值。在迭代的过程中，一定要注意细节，关注用户的细微体验，若因为迭代而影响到用户的体验，就不好了。

流量思维

在移动互联网时代,什么是钱? 流量就是钱,只要能够将流量掌握在手里,大把的资金迟早都是你的。流量思维,是移动互联网时代创造财富的思维,懂得了它,就知道该怎样创造更多的价值了。

实际上,无论在过去的互联网时代,还是现在的移动互联网时代,都是用流量来划分网络市场这块巨大的蛋糕的。不管是腾讯、淘宝还是百度,全都是流量的接入点,正因为它们的流量巨大,才会有那么高的收益。

要保证自己的流量,首先应该将门槛放低。移动互联网是什么时代? 免费的时代。免费是可以打败很多收费的东西的,因为它可以吸引大量的用户,进而产生巨大的流量。有了流量,还愁没有商业价值吗? 360 是怎么打败其他杀毒软件的? 免费! 京东是怎样在与其他购物网站的竞争中胜出的? 免费送货! 为什么那么多人都愿意在淘宝上开网店? 免费!

可以说,免费是一套屡试不爽的招式,在移动互联网时代,利用好免费,就可以创造出巨大的流量。一开始免费没关系,等流量增加了,想怎么改变都没有问题,有了流量,赚钱的方法多得是。

360 对流量思维的运用一直很好,它的一举一动都能够引起其他企业的争相模仿。但是,现在的很多应用都是免费的了,即便 360 永久免费,优势也不是特别大。那么,360 要怎么做呢?

360 可不管什么规矩和套路,在流量思维的指引下,它的所作所为就是要打破常规,用最有吸引力的手段,将流量强行拖拽过来。2014

年刚刚到来，360 就做了一件让业界都感到震惊的事情，它与江苏电信联手，开展了下载"免流量"的活动，在 360 手机助手中有一个免流量的专区，在其中下载特定的 APP，将免收流量费用。

在手机上下载软件，都是需要花费流量的，如果手机连了无线网，将使用宽带上的流量，若用的是手机上的网络，将会产生流量费用。360 直接开通免流量的下载渠道，这个做法是颠覆性的。从市场情况来看，在春节前夕开通的第一批江苏电信用户就已经有 500 万之多，360 免费下载可以给这些人省去 2 亿多兆的流量，折合成人民币高达 5000 多万元。

360 的每一个动作都会引起人们的广泛关注，它的这次免流量行动也给业内带来了不小的震荡，有不少人认为这可能标志着移动互联网的零流量时代即将来临。360 明显是想要借助免流量，占领人们手中的移动端，从而达到掌控用户流量的目的。这个出人意料的活动确实也让很多竞争对手感到措手不及，心中忐忑不安。

360 免流量活动的开展声势浩大，过程却不顺利，只支持江苏电信等有限的几家，覆盖面很小，而且在和北京移动合作的过程中还遇到了困难。2 月 28 日 24 时，已经开通的北京移动免流量下载应用忽然不能用了，北京移动还表示不会再开通这项服务。

尽管目前免流量活动的表现并不是很好，但未来极有可能是免流量费的"零流量"时代，到时候，360 就又一次走在了时代的最前面。

360 是用流量创造价值的行家，它从永久免费当中创造利润，让人不得不佩服。在移动互联网时代，用流量思维来创造价值，是每一个企业都应该学会的事情。

有多大的流量就标志着有多大的体量,而体量则意味着企业的分量。人气在哪里,钱就在哪里,在移动互联网时代,流量就意味着金钱。流量关联的是所有人的钱包,它的价值有多大,只有真正了解移动互联网思维的人才能明白。

社会化思维

移动互联网将很多原本不相干的人联系到了一起,让这些人可以随时通过移动端在网上交换彼此的信息,在千里之外互相影响。企业在这个时代应该拥有社会化思维,只有如此,才能将移动互联网的优势利用起来。

在移动互联网时代,企业能影响到一个人,就可以通过这个人影响他周围的人,影响他的朋友,影响他的网友。社会化思维最根本的一点就在于网,不管是企业内部还是企业相对于用户,都应该是一张大网,只要一网下去,就能打起一大堆鱼。

有人单纯地将社会化思维当成是利用社会化媒体推广自己的产品,实际上,它并非这么简单。社会化媒体有微浪微博、Facebook、Twitter 等,在这些媒体上做广告,确实能够吸引人们的注意力,企业可以看到自己的粉丝增加了多少,在自己的消息发出去以后有多少人评论和转发。但是,如果仅仅将社会化思维想成这个,就太片面了,早晚要出事。

社会化思维应该是系统而全面的,贯彻在企业的每一个行为当中,无论是高层领导的决策、企业的运作、员工之间的信息交流、日常的生产还是宣传推广的工作,都应该以之为指导思想。社会化思维是要把企业整体变成一个社会化的企业,绝不仅仅是在某一个方面的转变。

　　有的企业在社会化这件事情上的理解很到位，做得也特别好，例如 Burberry、IBM。

　　IBM 的市场和公关副总裁 Jon Iwata 对什么是社会化企业有十分清楚的认识，他表示："社会化企业是新技术和行为对业务成果、商业模式和管理整个企业业务的影响。"也就是说，其实社会化企业主要是指企业被社会影响所呈现出来的一种企业运营形式，所以，任何企业都是可以变成社会化企业的，只要愿意被影响就行。

　　社会化思维会对企业产生很深的影响。通过从社会化媒体中得到的那些反馈，企业就知道该怎样去改善自己的产品，完善自己的服务。有了网友和消费者的意见，很快就可以找准方向，比以前更加方便和准确。通过社会化思维，企业可以了解到每个用户的想法，根据个人爱好量身打造专属于他们的服务，这就使得服务更为人性化，用户体验感更强。

　　社会化思维是无处不在的，即便企业不转变思维，也还是会受到它的影响。很多 80 后、90 后的员工都会上一些社会化的媒体，在上面注册账号，有的人还会把自己的工作情况发出来。这就给了别人了解企业的机会，也给企业的竞争对手提供了信息。因此，企业想固守着自己的旧思维而"独善其身"是不可能的，必须积极接受移动互联网时代的新思想，接受社会化思维，才可以发展得更好。

　　移动互联网思维是一场思维的革命，仅仅知道这些显然是不够的，只有真正融会贯通，才可以在移动互联网时代畅通无阻。

读懂移动互联网的九大思维(三)

关于移动互联网的九大思维,我们已经知道了六种,接下来就介绍其余的三种。

大数据思维

数据在任何时候都是非常重要的,而在移动互联网时代,数据则显得尤其重要。从数据中可以看出市场的走向,数据就是商机,数据就是成功与失败的关键。有了数据,才能够作出科学合理的分析;没有数据,一切都是没有依据的空想。

人都是感情动物,即便一个人的思维再客观,也难免会掺杂少许的情感因素进去。若在平时,这点因素可能不算什么,但放到竞争激烈、动辄影响企业生死存亡的商业社会当中,一个小小的失误,就可能会被无限放大。和主观的意识不同,数据是完全客观的,出现一个什么样的数据,一定有它的原因,只要分析得准确,得到的结论一定是客观公正并与事实相符的。

现在大数据非常流行,有不少关于这方面的书,不少人也经常会在谈话时提起大数据,似乎如果不说一说大数据,就和这个时代脱节了一样。但是，我们首先应该明白一点，并非所有情况下都有大数据。比如你开一个小店，每天光临的顾客人数不会太多，从顾客流量这方面看根本没有多少数据，也谈不上是大数据。但是，尽管没有大数据，你还是需要有大数据的思维。大数据思维是移动互联网时代的思维，即便没有大数据，这个思维还是要有，没有它才是真正和时代脱节了。

甲公司是一家传统的公司，所有的运营模式都是传统的那一套，对互联网方面的应用也接触甚少。因为现在移动互联网时代已经到来，手机成了上网的主要工具，甲公司也感到不使用互联网是不行了，所以在积极了解移动互联网的知识。最近，甲公司就找了一家互联网外包公司——L 公司，为自己做大数据方面的事情。

L 公司最吸引人的地方，就是它说自己可以给企业提供大数据分析方面的服务，而且还可以通过对其他公司的大数据分析，来指导接受它服务的企业的发展。但是，甲公司后来发现，L 公司其实是骗人的。L 公司只不过是在网上找了一些和网络数据有关系的图片，然后附上他们编写的解释说明，就当成大数据分析发给了他们。例如，L 公司会将各大搜索引擎在全网所占市场份额的比例图找出，然后附上简单的注解，将这作为他们的分析结果。实际上，L 公司提供的这些所谓大数据图，人人都能在网上搜到，而且就算没有他们的那些注解，一般人也都能看得懂。

实际上，甲公司自己是没有什么大数据可用的，因为公司的规模不大，连老板加员工也不到 100 人，数据本来就没有多少。再加上甲公司很少利用互联网的信息设备，公司的数据没有进行过系统的管理,所以若要分析也无法从历史的数据开始。当甲公司发现 L 公司提供的所谓大数据服务对自己一点用处也没有的时候,才发现自己上当了。

有些人张口闭口就是移动互联网、大数据之类的东西,实际上却并没有真正使用过大数据,都是道听途说。对规模不是很大的企业来讲,可能都像甲公司一样,根本没有大数据。但是,在不被别人提供的所谓大数据服务忽悠的同时,拥有大数据思维却是极为重要的。

尽管企业很小,盲目谈论大数据毫无意义,但用大数据思维来对待平时的数据,是一种非常好的方式。用大数据思维看待平时的数据,可以提升企业的管理水平,分析企业目前的状况,这样得出的结论是很客观的。企业的规模小也没关系,可以分析同类型大企业的数据,因为大家面对的市场都是一样的,所以这样的数据分析对自己也有指导意义。

大数据思维体现在平时的方方面面,有了大数据思维,我们在思考一件事的时候,自然就会以客观数据说话,而不是主观臆断。长期使用大数据思维,就会形成思维习惯,在思考时掺杂的个人情感因素就会变少。这样的思维方式,是企业所需要的。

平台思维

一个人如果要成功,什么最重要?有人可能会说是能力,但最重要的其实是平台。能力再强,如果没有平台,也是英雄无用武之地。平台原本就非常重要,而在移动互联网时代,平台的重要性更是有增无减。

因此，我们应该时刻注意平台，拥有平台思维。

平台思维指的是开放、共享、共赢的思维。平台之所以比个人能力重要，是因为平台使用的是众人的力量和智慧。一个人的力量再大也是有限的，而平台却是把众人的力量集中到一起，孰优孰劣自然很容易分清楚了。

依靠平台模式是最容易做出成绩的，这一点毋庸置疑，在全世界最大的 100 个企业当中，差不多有六十来个是以平台商业模式为主要的收入来源，这些企业中也包括谷歌和苹果。

在移动互联网时代，没有谁能固守着自己的东西还能得到发展。只有积极与外界沟通，开放自己，才能够利用好周围的一切资源，让自己发展壮大，而这，就需要开放的平台思维。企业原本就应该是开放的平台，只有成为有源头的活水，愿意从各方面接受能量，才不会落后。

企业除了要拥有平台思维，还要利用好各种平台，比如专业的平台公司。

Hortonworks 是 2011 年由 Yahoo 和 Benchmark Capital 共同创立的一个企业管理软件公司，它的总部位于美国加利福尼亚州的帕洛阿尔托。Hortonworks 一直在做 Apache Hadoop 框架，支持跨计算机集群分布式处理大型数据集。它有一个建立在 Apache Hadoop 基础上的数据分析系统，就是 Hortonworks 数据平台，这是它最主要的产品。

2014 年 7 月，惠普表示要对 Hortonworks 的数据平台投资 5000 万美元，在双方签署的协议上，惠普的执行副总裁兼首席技术官马丁·弗林克将会成为 Hortonworks 董事会的一员。Hortonworks 一直在积极融资发展,有了惠普的投资之后,它的这次融资将有 1.5 亿美元,总的融资将达到 2.48 亿美元。

移动互联网时代,不管是企业自己做好平台,还是利用好外界的平台,都是企业应该做的事情。Hortonworks 知道平台的重要性,所以在这方面寻找商机,取得了很好的发展,惠普为自己今后的发展考虑,要投资平台,也利用平台。不管企业的规模是大还是小,平台思维都是必须要有的。

企业自己的能力当然很重要,但是如果没有平台思维,不懂得借助外界的力量,是不会长久的。人力有时而穷,企业也是如此,善用众智众力者才可以无敌于天下,只有平台思维,才能让企业利用起一切可以利用的力量。有了平台思维,企业不再是孤军奋战,相当于全世界都来帮忙,企业的发展也水到渠成。

跨界思维

跨界思维也是现在人们经常会提到的一种思维,在这样的思维模式之下,很多人都开始跨界做生意,并且把原本做这一行的巨头给挤垮了。比如苹果,原本是做电脑的,结果跨界做了手机,一下子就把世界第一的诺基亚打败,成为手机行业的霸主。

跨界思维这么厉害,能够让企业如同坐了火箭一样,直接从地上升到天上,那么,究竟什么是跨界思维呢?跨界思维,是一种通过嫁接外行业价值进行创新,制定出全新的企业和品牌发展战略战术,把本来没有联系甚至是处于对立状态的东西结合起来,催发前所未有的闪光点，从而产生销售奇迹的思维。

在移动互联网时代，任何行业的情况都是瞬息万变的，企业要想生存，就不能保持静止，一定要求新求变。跨界思维是最活跃的一种思维，它的跨度非常大，有些时候甚至是异想天开的，这种天马行空的思维，符合移动互联网时代的需求，能给企业带来意想不到的收获。跨界思维一旦成功，不但给企业开创了一片新天地，也将给整个行业带来翻天覆地的变化。

云南白药是我们非常熟悉的一个品牌，它真的很好用，但是如今似乎没有太大的市场了。于是云南白药开始跨界，做起了云南白药牙膏、云南白药创可贴等产品。就这样，云南白药迅速发展，产值由 3000 万元很快增长到 30 多亿元，在行业内外都受到了广泛关注。

跨界如果做好了，有非常大的优势，因为是跨界，肯定会带给人们不一样的全新感受，这就是行业革命的最佳前提。云南白药做牙膏、做创可贴，使牙膏和创可贴有了附加功能，这就使得人们愿意购买，形成自己独特的优势。

跨界的企业会给原行业的企业带来巨大冲击。腾讯做游戏，很快成为游戏界的大佬；苹果做手机，很快成为手机界的老大；小米现在做电视，也有不错的业绩。中国移动表示，自己做通讯做了这么多年，到现在才发现，原来最大的竞争对手竟然是腾讯！

在移动互联网时代，企业的竞争对手可能不在自己的行业当中，而处在别的行业里。但是，当它跨界过来，就会产生巨大的威胁，真是令人防不胜防。本来你在本行业内做得很好，后来一个跨界的过来了，它提供的服务全都是免费的,因为它不需要靠这个赚钱,结果就会给你带来巨大的威胁。对于这种竞争方式,没有企业能受得了。

可以说,在移动互联网时代,没有绝对的安全,就算一个企业是行业第一也不行。要想不被淘汰,就要不断发展,自己去想办法跨界、发展壮大,前进才是确保不后退的最好办法。

第三章
O2O 时代，你要读懂 20 大经营法则

　　毫无疑问，移动互联网时代已经到来，它就是我们正在经历的时代。这个时代瞬息万变，这个时代随时都会发生不可思议的事情，创新显得那么平常，似乎随处可见，这一切的"新"都是因为全新的移动互联网思维。在移动互联网思维之下，似乎不管是老企业还是新企业，都有点不知所措。别担心，这个时代也是有法则的，只要掌握了它的法则，企业就能如鱼得水，在移动互联网时代迅速发展壮大。

移动互联网时代的 20 大经营法则(一)

移动互联网经营法则 1: 得"屌丝"者得天下

企业要征战天下,必须要有一批能征善战的精锐部队,这样才能保证企业问鼎天下。有些企业把目标瞄向"高富帅"、"白富美"等有高消费能力的人群,殊不知"屌丝"这样的草根人员,才是数量最庞大的消费群体,是最精锐的部队。

消费能力高的人可能给企业带来一时的高收入,但只有众多的"屌丝"才能给企业带来长久的成功,因为"屌丝"的基数庞大,所以流入企业的钱将是源源不断的。"高富帅"、"白富美"虽然有较高的消费能力,但"屌丝"们合起来的力量比他们要大得多。所以,"高富帅"、"白富美"后期容易乏力,真正能够让企业一直攀上巅峰、称霸天下的,还是"屌丝"。

从目前萎靡不振的市场行情来看,高端市场各种无力。

2012 年中国全年 GDP 增长 7.8%,创 13 年增长率最低。在这样的经济状况影响之下,中国的奢侈品消费也是急速下降,这让高端消费品的商家们伤透了脑筋。

2012 年春节期间，中国内地奢侈品消费总金额是 17.5 亿美元，到了 2013 年，直接下降到 8.3 亿美元，缩减了一半还要多。高档的男装以及手表市场的情况更是让人感到难以置信。英国的时装品牌 Burberry，在亚太地区的消费者以中国为主，他们第一季度的销售额增长速度在 2012 年是 67%，到了 2013 年就成了 16%。瑞士钟表对中国的出口量在 2011 年的增长速度是 48.7%，到了 2012 年则只有可怜的 0.6%。

人们都想着赚富人的钱比较容易，谁都想从有钱人的钱包里去拿钱，但是高端消费市场的情况却让他们感到一阵担忧，现在有钱人的钱是很难赚到了。那么，在这样的市场经济下，在移动互联网盛行的当今时代，应该赚谁的钱呢？答案就是——"屌丝"！

实际上在中国根本没有什么中产阶级，除了一些富人，剩下的人基本都是"屌丝"。随着移动互联网时代的到来，原本就缺乏社交活动、喜欢上网的屌丝，迅速霸占了移动端。在这个时代，企业要发展，就要有移动互联网的思维，就要拥有一大批"屌丝"拥护者，这是成就大事业的唯一法门。看一下腾讯、阿里巴巴、百度、360、小米等一系列的企业，哪一个不是靠"屌丝"支撑起来的。明白了这些，我们就一定可以接受这个真理——得"屌丝"者得天下。

移动互联网经营法则 2：贩卖参与感

移动互联网是用户和企业经常保持互动的时代，让大家都参与进来是提高用户对企业认同感的绝佳方法。要让用户参与生产，一般有两种方式：一种是让他们根据自己的需求，向企业提出要求，定制自己需要的个性化产品；另一种就是当产品生产出来以后，让消费者自己去进行优化，根据他们的投票，改进产品的功能。

小米创始人雷军说："小米销售的是参与感，这才是小米秘密背后的真正秘密。"亚马逊在开董事会的时候，总会摆出一张空椅子，这把椅子就是他们给顾客留的位置。在他们看来，顾客是董事会不可或缺的成员，所以，开会的时候一定要让顾客参与到决策之中。

在移动互联网时代，仅仅拥有会员是远远不够的，企业需要的是粉丝，忠实的粉丝才能够支撑企业进行快速生长。怎样才可以拥有众多铁杆粉丝？方法就是兜售参与感，这是最能够体现用户思维的东西。

在这个信息技术高度发达的移动互联网时代，任何消费者都可以把自己的消费体验告诉给成千上万的人，只需要在自己的交友平台上发一条信息就可以了。正因如此，人们在消费的时候会产生十分强烈的自我意识，他们对一件产品不仅仅是有功能方面的要求，还需要通过产品把内心情感表达出来。人们希望能够发出自己的声音，影响到产品的设计与制造。为了适应人们的这种需求，企业一定要加强与消费者之间的沟通，只有参与感才有可能使他们留下来。

"屌丝"无疑是移动互联网时代最大的消费群体，对"屌丝"来说，重要的不仅仅是物质，精神层面的东西也同样很重要。既然如此，企业就应该努力让他们参与其中，兜售参与感。

移动互联网经营法则 3：用户体验至上

在移动互联网时代，用户的体验比以前任何时候都更加重要。现在的用户对产品的追求就是两个字——"完美"！虽然企业不可能制造出一款让所有人都感到满意的产品，但一定要尽可能地进行人性化设计，让产品的体验感变得更强，一定要相信，体验感才是王道。

不管一个企业的产品是什么，它可不可以在市场上站住脚，能不能被广大用户认可，最关键的因素是用户的体验。体验完全是一种人们在使用产品时的主观感受，这不会受到其他因素的影响，只和产品的功能有关系。用户体验好，他们就会喜欢这款产品，认同这个品牌，用户体验不好，他们可能永远都不会再买这个品牌的东西了。所以，企业一定要将用户的体验放在第一的位置，贯彻体验至上的理念。

奇虎 360 的 CEO 周鸿祎说："好的用户体验，一定得具备下面三点：第一，要超出用户预期，能够给用户带来惊喜；第二，要能够让用户有所感知；第三，从细节开始，并贯穿于每一个细节。"360 为什么会受到人们的欢迎？它的免费只是其中一方面的原因，最重要的还是它的用户体验感好，人们在用 360 的时候特别方便，所以才信赖 360 的产品。

和以前生产种类繁多的手机的企业不同，苹果一共才生产了那么几款手机，但是就凭借着这么几款手机，它就摇身一变，成了全球市值最高的 IT 企业。为什么呢？苹果难道会魔法，能把人们的注意力吸引过去？苹果的确会"魔法"，这个"魔法"就是它极致的用户体验。苹果手机从一出现到现在的 iPhone 6s，始终都坚持用户体验至上的原则。人们买了苹果以后，应用很多，操作方便，而且一部手机连用几年都不会有软件不支持的情况，也没有落伍的感觉。这种强大的体验感，是其他手机比不了的，苹果的成功就源于此。

都说细节决定成败，产品是否受到欢迎，关键在于用户每一个细微的体验。假如用户在使用产品的时候，处处都能够感到惊喜，有喜出望外的发现，他们就会深深爱上这款产品，也爱上这家企业。在移动互联网时代，只有最人性化的设计、最强的体验感，才能使产品在众多相同的品牌中脱颖而出。

移动互联网经营法则 4：专注才能做到极致

专注，少即是多。想做出好的产品，就一定要懂得专注的力量，你不需要面面俱到，只要有一个理由，让人们愿意选择你的产品，就可以了。

专注指的是应该尽量少做事情，甚至可以只做一件事，只要你能够将这件事做好，你就可以取得巨大的成功。企业如果总想着搞多元化，做很多的产品，到头来往往是哪件产品都不出色，毫无竞争力，根本生存不下去。专注做一件产品，就可以将所有力量集中起来，把这件产品做好了，企业也就活了。

只有专注，才有可能专业。在移动互联网时代，人们追求的是快速、极致，只有专注才可以做到这一点。哪个企业可以专注到一个点上，把自己的产品做到极致，就能赢得用户的喜爱，它就可以在激烈的竞争当中有更大的筹码。专注是为了将事情做到最好，在一段时期当中把力量集中起来，坚持不懈，就有可能出现重大突破。

在移动互联网时代，信息实在是太多，总是让人感到眼花缭乱，注意力难以集中起来。想要从人们分散的注意力中得到关注，企业的产品必须足够好，能够在同行业中占据数一数二的领先地位。行业的霸主和行业的小菜鸟所占据的市场份额是有天壤之别的，之所以会有这么大的差别，就是因为产品的质量差距太大，人们自然会关注更好的产品，忽略其余的。好的产品是能够让消费者"一见倾心"的，而做出这样的产品需要专注的力量。

RoseOnly 是一个非常火爆的网络鲜花品牌，它做事就特别专注，只卖花，还卖得特别高端大气上档次，一点也不马虎。这种鲜花是卖给那些消费水平高的人的。来这里买花的人，要和接受鲜花的人进行身份证的绑定，并且一个人只可以绑定一次，这样做的含义是"一生只爱一个人"。

RoseOnly 做得这么专注，会不会因为太专业和专一而没有顾客呢？当然不会，自 2013 年 2 月上线以来，它的销售情况就非常好，到 8 月，其销售额就已经接近 1000 万元了。

RoseOnly 的事实说明，专注做到极致，绝对不会没有市场的。专注做好一件事，反而会得到更多。

大道至简，实际上简简单单的一件事，做起来却不简单，但是等花费精力将这件事做好以后，它又变得简单了。做事专注，简单到只做一件事，等把这件事做好，企业将会获得成功。简单一点，踏踏实实走好每一步，不骄不躁，专注于简单的事情，并做到极致，反而会有更好的未来。

移动互联网时代的 20 大经营法则（二）

移动互联网经营法则 5：简约才能唯美

不管从什么方面来说，简约都是一种美。女性的穿着打扮，简约的风格能给人一种清新自然的美感；房屋的设计与装饰，简约能够给人一种轻松愉快的感觉；商品的设计简约，不但能够方便使用，还有一种大气的美感。简约符合实用的要求，也符合人们的审美观，因此企业在做产品的时候，一定要牢记"简约即是美"这个理念。

微信"摇一摇"是微信推出的一个随机交友功能，相信有不少人都使用过。只要你摇一摇手机或者是点一下上面的模拟按钮，就能和这个时间里也在摇手机的人联系上，然后可以聊天。

不管你为什么会摇手机，只说这个摇一摇的界面就非常简约，它只有一个一眼便能够看懂的图标，没有多余的菜单，功能一目了然，操作的时候也非常方便，只要你的手动一动或者点一下就可以了。如此简约的设计，任何人都不需要学习，拿起来就会操作。

有些应用在刚开始使用的时候还有大段的文字说明，这实际上是很令人反感的做法，没有人愿意阅读那些长篇大论，人们最愿意接受的是一看就能明白的简约设计。

微信"摇一摇"以及"碰一碰互加好友"、"聚会一起摇"、"千里摇一摇"的功能，全都非常简约，这也正是它受到人们喜爱的原因。

微信"摇一摇"因为简约而受到欢迎，那么，是不是简约就一定能获得成功呢？也不一定。简约也是有一些问题需要注意的。

简约不是盲目的简约，要有一定的标准才是真正的简约美。首先从整体上看起来应该符合人们的审美，没有特别突兀的感觉。还有就是产品的功能操作起来很简单，就算是小孩子和老年人，也可以轻松将它掌握，如果能做到这一点，就已经很不错了。最后，还应该在简洁实用的基础上，有自己的独特风格。不能只追求简约，却丢掉了自己的风格，一个没有特点的产品，是很容易被人们遗忘的。

还需要明白的是，简约并非简单。简约是将功能浓缩到一个点上，用户通过这个点，就可以接触到大千世界。这就像百度、谷歌的搜索框一样，虽然非常简约，但只要在里面输入东西，就可以出现成千上万条信息。因此，简约的背后是功能的强大，而不仅仅是简单。

移动互联网经营法则 6：打造极致产品，让用户为你尖叫

在移动互联网时代，极致的产品才可以受到用户青睐，判断这个极致的标准，就是能否让用户尖叫。企业应该努力打造让用户尖叫的产品，这样才有出路。

关于打造让用户尖叫的产品，就不得不说一下小米，因为这是小米一直以来所追求的目标。雷军曾经和虎嗅网的李岷有过一段对话：

李岷：雷总，红米会不会对小米品牌造成负面影响？

雷布斯：我们不考虑，我们只专心做出让用户尖叫的产品。

李岷：雷总，请谈谈小米构建的铁人三项。

雷布斯：三项啊，我们只专心做出让用户尖叫的产品。

李岷：雷总，请谈谈小米的生态系统。

雷布斯：生态？我们只专心做出让用户尖叫的产品。

李岷：雷总，对当下移动互联网有什么看法？

雷布斯：这个啊，我们只专心做出让用户尖叫的产品。

李岷：雷总，对可穿戴设备有什么看法？

雷布斯：可穿戴啊？我们只专心做出让用户尖叫的产品。

李岷：雷总，对改变世界怎么看？

雷布斯：不关心，我们只专心做出让用户尖叫的产品。

……

……

……

李岷：雷总……

雷布斯：呵呵，我们只专心做出让用户尖叫的产品。

李岷：啊啊啊啊啊啊啊啊啊啊啊啊啊啊啊啊啊啊啊啊啊（尖叫声）

正是因为小米始终坚持"打造让用户尖叫的产品"这一理念，小米手机才会受到大家的追捧，拥有那么多的粉丝，并在短短的几年之间迅速崛起。

其实不只是小米这种做手机的企业，在时代的潮流之下，连农民都知道要打造让用户尖叫的产品了。

粘大米是一种特别好吃的大米，过去经常作为人们走亲访友时的礼物。但是，因为它与现在高产量大规模生产的模式格格不入，在市场上已经很难找到了，至于相关的品牌，更是没有。

但是，最近市场上却出现了一种很贵的粘大米，100 元 1 斤，让人看了忍不住惊呼：这是皇帝吃的大米吗？但是这种大米卖得还挺好。这个生产粘大米的人叫刘达，因为他觉得粘大米很好吃，和现在那些高产量、低口感的杂交品种相比，有很大的优势，所以，他就决定生产粘大米，打造让用户尖叫的产品。

刘达种植生产粘大米，不追求高产量，严格把守质量关。他发起了一个"达哥拯救老味道"活动，顿时受到人们的欢迎。为了找回以前吃米的那种口感，刘达对粘大米质量的要求非常高，他最关注的问题是怎样生产出原汁原味的大米，从选种、选地、田地的管理到收割、加工、储存、转运各个方面的问题都仔细考虑清楚，并严格把关。

正因为一丝不苟的生产过程，让刘达的粘大米口感极佳，成了谁吃谁尖叫的好产品。质量好了，再给它定一个合理的价位，这种产品就会得到越来越多人的认可。

就像刘达的粘大米一样，不管是什么产品，不管企业是传统企业还是互联网企业，只要能够打造出让用户尖叫的产品，就都能成功。

虽然价格战是商业竞争中经常会出现的一种形式，但消费者的眼睛是雪亮的，只要你的产品足够好，拥有别人的产品所没有的优势，就能够让用户发出尖叫,他们就会买你的产品。所以,价格不是问题,打造让用户尖叫的产品才是硬道理。

移动互联网经营法则 7:服务就是最好的营销

营销最有成效的方法不是到处去宣传,而是踏踏实实把自己的服务做好。如果提供的服务能让人觉得超出了自己的预想,这种极致的服务就可以留住人们的心。通过优质的服务让人们喜出望外,赢得口碑,这种口碑营销是最有说服力的营销。

在移动互联网时代,极致的东西才是最受欢迎的,服务也是一样,做到极致,让人们有惊喜的感觉,就算是把服务做到位了。这个服务的过程绝不是无意义的,它有足够的理由值得商家去做好,因为服务就是营销。

在提供服务的时候,应该讲究以真心换真心。如果让消费者觉得这服务十分造作,是不会有好效果的,毕竟人都是有感情的动物,只有引起情感上的共鸣才能真正打动消费者的心。为此,在服务的时候,一定要尊重消费者,本着双方地位平等的原则去处理事情,和消费者交朋友。如果一次服务下来,服务员和消费者成了朋友,那这次服务一定是非常成功的。

移动互联网时代的服务可以说是无处不在的,消费者在网上购物之后,随时随地都可以把自己的问题发到网上。很多商家的回复速度都比较慢,这虽然和提问的用户数量太多有关,但也会令消费者产生不满的情绪,因为谁都不愿意长时间等待下去。因此,提高解决用户问题的速度,也是移动互联网时代的服务当中十分关键的一点。

极致的服务就是最好的营销手段,想要让更多人爱上自己的品牌,成为企业的粉丝,就应该提高服务质量,做好服务营销。

移动互联网经营法则 8：从小处着眼,做到微创新

在移动互联网时代,人们的生活和工作节奏都非常快,连坐下来看报纸的时间都没有,想要让他们读一些长篇大论的东西,基本是不可能的。人们越来越缺乏耐心,于是对现在的任何一款产品来讲都是越简单直接,越微越好。看一下现在流行的东西,微电影、微博、微信无一不是和"微"有联系的,企业若要向前发展,也要从小处着眼,从微创新开始。

巨大的创新虽然是好的,但也存在着风险。太大的创新一旦出现差错,将会带来很大的损失,也许企业就承受不起。创新大了,在这个过程中花费的时间就比较长,这也跟不上现在这个世界发展的快节奏,从这方面看也是行不通的。

顾名思义,"微创新"就是说创新是比较微小的,如果不直接明了地指出来,甚至有人根本不知道这是一个创新。但是,微创新绝不是没用的,只要这个创新能够触碰到消费者的痛点,它带来的影响有可能是巨大的。一个应用功能的微小变化,就可能使得用户体验感变得很强,他们会觉得企业十分用心,对企业也就更加喜爱。

微创新因为创新的幅度小,做起来就比较简单,所以更加迅速,可能在很短的时间里就有很多创新出来了。这就让消费者一直感觉到产品在进步,他们会更加看好这个产品,认为如果购买这款产品,就是处在时代的前端,在心理上会很舒服。所以,微创新需要花费的力气不是很大,得到的效果却非常好,又能适应时代,是企业创新时的最佳选择。

移动互联网时代的 20 大经营法则(三)

移动互联网经营法则 9：精益创业，快速迭代

有一句话叫作：天下武功，无坚不摧，唯快不破。在移动互联网时代，商业上的竞争将这句话体现得淋漓尽致。由于很多行业的门槛都不高，只要有钱，随便几个人就可以开一家公司，加入市场竞争。于是，当今市场的竞争比任何时期都更加激烈，这就要求企业精益创业，快速迭代，用无与伦比的速度，超越其他同行，取得别人比不了的业绩，成为行业中的老大。

创业不是只有技术就可以的，还必须发挥出拼命三郎的精神，狠狠逼自己一把，用最快的速度拿出最好的产品来，这才是占领市场的不二法门。什么大鱼吃小鱼、小鱼吃虾米的论调在今天已经不适用了，有多少企业是从无到有、迅速崛起的，小米、黄太吉、三只松鼠……这个时代，只要你做得又快又好，就可以成功。这是一个"快鱼"吃"慢鱼"的时代，只有精益创业，快速迭代，企业才有出头之日。

在加快速度的时候，也要避免一些误区，因为并不是一味提高速度就是精益创业了。

1. 增加功能并非就是取得了进步

很多人在说起精益创业的时候都存在这样的错误理解：在推出产品以后，只要不断增加它的功能，在不同的版本上加上一些新属性，多了几个按钮，就是取得进步了。但是，进步不应该只是这样，应该更多地注意到这些变化所产生的影响，看看市场的情况怎样，消费者的感受怎样。只有市场情况变得更好，消费者也更加认同了，这才能算是进步。

2. 闭门造车的方式行不通

就像一些网络公司开发应用程序，光让程序员关起门来研究代码是不行的。没有经过市场调研人员的调研，没有掌握市场的动向与用户的需求，就算程序员写出再完美的代码，也无法赢得市场。

3. 不能只是快速迭代

快速迭代是应该做的，但不能只做这一件事，同时需要做的还有信息的收集。每一次迭代，都要及时把用户的反馈收集起来。通过迭代和收集信息，知道用户的需求点在什么地方，这样就可以使产品更好。若只是快速迭代，却不管用户的感受，那就容易跑偏，十分危险。

4. 产品不要太复杂

好的产品应该是简单的，假如有了新的想法，要再次迭代了，就可以马上采取行动，而不会有太多牵绊。只有脚下没有羁绊，才可以走得快，因此，这一点是十分重要的。有的企业越迭代，产品的功能越冗杂，当有全新的想法时，要么进行大砍，要么放慢更新速度，任何一种情况都可能给企业带来致命的打击。

在快速迭代的时候，一定要想明白，什么是最重要的。硅谷知名孵化器 500 Startups 的创始合伙人 Dave McClure 是这样认为的：功能、用户和钱,哪个最重要?用户第一,钱第二(也许对于部分服务客户业务不适用),功能是放在最后的。是的,用户才是第一位,在移动互联网时代,用户永远都是第一位,所以,在快速迭代的时候,最不能忽略的就是用户的感受,只有用户满意,才能算是精益创业,否则再快速都是徒劳。

移动互联网经营法则 10:先免费吸引流量,再用收费获取利润

在这个"羊毛出在狗身上"的移动互联网时代,有很多以前收费的东西,到现在都变成了免费的,因为只有免费才能够快速占领市场,免费是为了更好地收费。

免费在以前是行不通的,但从互联网时代开始,免费就已经成为大势所趋,到了移动互联网时代,这个趋势更是有增无减。现在手机上的 APP 基本都是免费的,不免费都不好意思拿出来和别人竞争。但是,免费绝非不能赚钱,只不过是把赚钱变成了更长远的目标而已。如果一件产品有上亿的人使用,只要每个人拿出几毛钱,就是非常可观的财富了,这正是移动互联网时代免费也能赚钱的关键所在。

以前的网络游戏是用点卡收费的,但很快就发展成免费的了;以前的杀毒软件是收费的,现在被免费的 360 取代了。免费是挡也挡不住的潮流,在移动互联网时代,这个潮流还会延续,很多行业的产品都会免费,先免费,才能有后来的收费。

但需要注意的是,并非只要免费就一定能够占领市场,质量方面一定得过关。免费能够占领市场,但前提是前面的一些法则都做到位了,用户体验好,能够抓住人们的痛点。如果只是免费,别的方面做得都不好,也是没用的。360 刚开始的时候也是免费的,但却未能火起

来，就是因为它的功能不能让人们满意。后来 360 调整了自己的产品，把产品做得更好，这才受到人们的欢迎，迅速占领了市场。

对一般的小企业来说，盲目免费也是不理智的，应该根据自己的实际情况，作出合理的选择。虽然免费是时代发展的趋势，但只有先生存下来，才谈得上发展。小企业的资金没有多少，而免费又是一种极为烧钱的方式，如果一开始就免费，企业根本承受不起。所以等企业发展到一定阶段的时候，再免费也不迟。

免费是为了更好地收费，一定要记住这一点。如果还没等到收费，就因为免费饿死了，只能说对它的含义的理解还不够透彻。免费这一招是把双刃剑，可能一鸣惊人，也可能会伤到自己，且用且珍惜。

移动互联网经营法则 11：再苦也要坚持，直到质变的"临界点"

爱迪生说："天才是百分之一的灵感加百分之九十九的汗水。"这汗水就是坚持。的确，在任何时候，成功都少不了坚持，在移动互联网时代，同样也是如此。一件产品，一个企业，是在不断进步的，只有坚持下去，从一点点的量变坚持到那个质变的"临界点"，才会获得成功。

水有三种状态：冰、水和水蒸气。冰在 0℃ 以下就会变成水，而水在 100℃ 以上就会变成水蒸气。这两个温度就是临界点，在这两个临界点之前，不管你怎么加热，它的状态都不会发生变化。但加热并不是没用的，只有加热才能积累热量，使它的温度上升，最终才会发生质变。

移动互联网时代，最重要的就是用户的数量，拥有用户，就拥有了市场。所以，只要有了足够的用户，一个企业就会发生质变。但是，这个积累用户的过程可长可短，短的可能几个月，长的可能会是十来年。不管时间是长是短，都只有坚持到那个质变的"临界点"，才能体现出这段坚持的价值。

亚马逊是非常成功的企业,这成功就来自于它的坚持。《经济学人》杂志上有这样一段话:一间不起眼的车库往往能孕育出一家不凡的高科技公司,而不走寻常路的亚马逊却恰恰选择了这样一条发展道路并坚定地走了 20 年。

1997 年,在亚马逊刚刚上市的时候,亚马逊集团董事会主席兼 CEO 杰夫·贝索斯就表示,亚马逊将会采用长远的发展战略。但是,这个战略当然是有代价的,它需要亚马逊在发展的过程中投入大量的资金。刚开始的时候,亚马逊因为没有建设以及维护仓储的资金压力,可以和零售商合作,但现在大量仓储中心以及数据中心建立起来了,它的资金链也发生了变化。它强大的实体仓储能力,又成了吸引商家最重要的因素。尽管现在亚马逊的资金支出还不算多,但它却不是一点资金压力也没有了。

亚马逊在过去的 5 年当中,自由现金流有 100 亿美元,但累计的净利润只有 29 亿美元,这简直太少了,要知道它的市值可是有 1540 亿美元的。但是,亚马逊 20 年的坚持毕竟赢得了成功,它的净利润水平也会逐渐提升。

贝索斯知道,亚马逊的模式不会永远持续,它总有一天会被颠覆,但他依旧会坚持下去。

没有人能预见未来,人们在成功之前都会有迷茫和恐惧,关键是看谁能坚持下来,坚持就有成功的可能,不坚持就一点可能也没有。从量变到质变的这个过程是漫长的,有人说我们要每天进步一点点,只要能够每天坚持着，就已经是好样的了。这就像是跑马拉松，光跑得快是不够的，要有耐性，有坚持下去的决心和勇气。

移动互联网经营法则 12：利用好社会化媒体

现在有不少人经常把社会化媒体挂在嘴边，但是，究竟社会化媒体是什么呢？实际上，在移动互联网时代，对任何媒体而言，只要它具有社交的属性，都可以叫作社会化媒体，比如贴吧、论坛、微博等。现在基本上所有的网络媒体全都拥有社交的属性，社会化媒体已经相当普及了，但是怎样利用好社会化媒体，还是需要学习的。

社会是由人组成的，它之所以可以形成一个不可分割的整体，就是因为人和人之间存在着联系，有关系链。社会化媒体最重要的一个部分也是关系链，使用它有非常明显的好处，那就是人们会对信息的真实性比较认可。因此，能否将社会化媒体的优点充分利用起来，关键就在于对关系链的使用。

关系链的建立并不容易，它需要长时间的积累，才可以形成一定的规模。不过，只要形成了一定的规模，它所发挥的作用将会非常大。当然若要信息在这条四通八达的关系链上快速传播，还需要给它提供动力，如果人们都不愿意传播，即便这个关系链再长，也是无济于事的。所以，信息的内容要好，要有让人们传播下去的动力，这是很关键的因素。

只要将传播的内容包装好，让人们有传播的欲望，然后再将信息投入关系链当中，它就成了投入湖水中的石块，一石激起千层浪，然后这些波浪会传播得很远，范围也越来越广。为了让这个效果更好，可以在收视率高的电视节目里面曝光，也可以通过网络媒体进行相关播报,还可以找微博上的一些大 V 转发消息,可以在地铁、公交上做大量的广告,甚至可以找一些水军来把自己的消息刷上榜单。将社会化媒体的各种传播途径结合起来,收到的效果将会超乎你的想象。

《人再囧途之泰囧》内地首周 5 天票房达到 3.1 亿元,观影人次约932 万,是国产电影周票房的冠军,创造了国产电影首周票房纪录。到电影下线时,在中国内地累计票房高达 12.6 亿元,观影人次超过 3900万。《白发魔女传之明月天国》一上映,就遭到了人们的一片吐槽,但是,就在人们大呼"烂片"的同时,它的票房却是一路猛增,上映 12 天,累计票房就已经有 3.53 亿元。

这两部电影成功在什么地方?就是成功在宣传上。《人再囧途之泰囧》抓住了贺岁档,到处打广告,不管是喜欢看电影的还是不喜欢看电影的,都在不经意间看到了这部电影的广告。《白发魔女传之明月天国》的宣传同样非常到位,黄晓明在半年前就极力宣传,想不火都难。

在移动互联网时代,谁利用好了社会化媒体,做好宣传,谁就是市场的主宰。酒香不怕巷子深的年代已经过去,现在,即便酒再香,也要借助移动互联网才可以把香味传播到远方,社会化媒体的力量是任何东西都无法取代的。

移动互联网时代的 20 大经营法则(四)

移动互联网经营法则 13：用好众包协作

在移动互联网时代，你还在把自己的工作外包？那你就 out 了，众包协作才是最流行的方式。众包模式是指一个公司或机构把过去由员工执行的工作任务，以自由自愿的形式外包给非特定的（而且通常是大型的）大众网络的做法模式。

众包模式是指一个公司或机构把过去由员工执行的工作任务，以自由自愿的形式外包给非特定的（而且通常是大型的）大众网络的做法模式。众包的任务通常是由个人来承担。简要一点说，众包营销就相当于小米企业提出的用户参与感这一理念。比如说小米手机中的很多硬件性能问题、软件功能问题等，都是利用众包模式解决的。通常是小米把这个问题通过小米论坛提出来，或者是米粉自己提出来，然后大家采用群智群策的方式，把这些问题解决掉。

众包的概念最早是由美国《连线》杂志的记者杰夫·豪提出来的，不过关于众包这种形式，实际上早就已经被人们使用过了。因为互联网，人们的沟通变得异常方便，因此，很多人一起通过众包来做成一件事,就变得可行。在移动互联网时代,进行交流的时候完全没有了时间、地点的限制,人们可以随时随地进行交流,所需花费的成本非常低,这就使众包更加容易。

2014 年 7 月 8 日,苏宁的"2014 中国创新产品合作论坛暨苏宁众包发布会"在南京举行。近百家金融机构、研究院、设计公司、研发公司、品牌公司、制造业及媒体都参与到此次活动中。

苏宁众包平台,是以苏宁 O2O 全渠道为核心包销载体,针对中国海量的创意理念、创新设计,整合需求定义、工业设计、产品研发、大数据/云服务、售后服务等全产链众包资源,提供创意—作品—产品—商品—用品各个转化阶段所需众包服务解决方案的共创、共享、共赢的资源整合平台。

在众包平台里面,苏宁并不会充当领导或者管理者的角色,它只负责组织和推动。苏宁只是众包成员中的一个,和其他成员完全平等,它能不能被选择,可不可以一直存在,主要还是看它为平台中的其他成员创造了怎样的价值。

为了让这个众包平台更好地发展,苏宁还推出了"快"、"推"、"免"、"扶"、"活"、"升"这六大扶持的方式,努力将苏宁众包做成一个最具产品创新力和市场竞争力的产业生态圈。

众包的好处是显而易见的,在这个追求速度、极致的时代,一个人或是一个企业的力量是有限的,如果总是孤军奋战,很难跟上时代的步伐。通过众包协作,用移动互联网把更多的力量集结起来,就可以用众力求发展。移动互联网将全世界的人都联系到一起,从全世界找志同道合的人一起做事，与自己一个人打拼，孰优孰劣，可想而知。

众包协作是时代的趋势，企业要做大，就不能固守着自己的小圈子，应该用众包协作，吸引更多的力量，才能变得更加强大。

移动互联网经营法则 14：小企业也要有大数据

任何一个企业都需要有大数据的观念，不能因为企业小就忽略了它。如果要管理，就得先将要管理的东西量化。管理企业也是如此，所以数据是相当重要的东西。就算是一个小企业，也需要用大数据来把一切量化，这样才可以把企业的业务尽数掌握在手中，把企业的业绩提升上来。

不管对大企业还是小企业来讲，大数据都是一场革命，它将原本复杂的问题转变成简单的数据，这样管理起来就方便多了。概念性的东西很难有一个度的把控，但是数据不同，一就是一，二就是二，清晰明了，谁都不会弄错。把模糊的东西数据化，不但能对全局有更加清醒的认识，还能找出改进的方法，所以，小企业也需要大数据。

在移动互联网时代，一切都是数据，这个时代简直就是由数据支撑起来的。人们手中的智能手机，随时都承担着外界的数据，也在发送着数据，正是因为这个数据的传输，让手机和网络连接到一起。那些互联网公司，全都是数据公司，它是由数据构成的，而且可以将人们上网的数据收集起来。

大数据是移动互联网时代必须具备的思想，不管是大企业还是小企业，都需要大数据。有了数据，企业才知道用户的关注点在哪里；有了数据，企业才知道自己哪里做得不好，需要改进；有了数据，企业才可以把控全局，找准方向。

移动互联网经营法则 15：你的用户是每个人

在传统的观念当中，我们总是会用一类人来区分消费者，把他们分成各种各样的类群，实际上这种做法是不对的，尤其是移动互联网时代，这种分法明显落伍了。在移动互联网时代，每一个人的价值都得到了前所未有的体现，任何人都可以在消费的过程中把自己的体验分享给大家。所以，商家应该比任何时候都更关注消费者的体验，明白用户是每个人这一理念。

尽管人与人之间会有相似的地方，但每个人都是独特的，在购物时的感受绝不会完全一样，所以亚马逊的总裁杰夫·贝索斯才会说："如果我的网站上有一百万个顾客，我就应该有一百万个商店。"

在移动互联网时代，人们都对自己的体验感特别在意。比如在网上购物的时候，商品筛选的时候是否轻松，提交订单的流程是否简洁，以及送货的速度、快递人员的态度如何等，任何一个微小的环节出了问题，顾客都会不满意，下次就有可能会换网站。

如今人们面临着很多选择，如果一个企业不能抓住人心、把用户当成独特的个体对待，不能提供质量好的、人性化的服务，用户就会选择其他企业，那是非常简单的事，他只要换个牌子就可以了。

苹果手机的销售情况一直都是很好的，苹果手机之所以能迅速风靡世界，就是因为它的独特、它的人性化设计让很多人痴迷。苹果手机虽然只有几个品种，但每个人都有一个自己的苹果，它就像是一个完美的作品，在一千个人手中能有一千个苹果版的"哈姆雷特"。

现在 iPhone 6 亮相，人们的期待程度却不是很高，甚至有人高呼："肾都准备好了，你就给我看这个？"

2014 年，北京时间 9 月 10 日凌晨 1 点，苹果在美国加利福尼亚库伯提诺弗林特剧院召开 2014 秋季新品发布会，正式发布了两款不同尺寸的 iPhone 6、iOS 8 系统、移动支付方案 Apple Pay 及神秘的 Apple Watch。该发布会的主题是"Wish we could say more"，地点则为 30 年前乔布斯发布 Macintosh 的地方。

4.7 寸屏的 iPhone 6 和 5.5 寸屏的 iPhone 6 Plus，再加上 Apple Watch，苹果的这次发布会可以说是很有料，但是网友们却并不买账，网上的吐槽声很快就响成一片。有人表示，iPhone 6 和 iPhone 6 Plus 没有什么亮点，如果说它的 CPU 高，小米手机的 CPU 一点也不弱；如果说它时尚，似乎比不过魅族；若是比音效，索尼不会差；如果看分辨率，三星也很好；若要比机身薄，OPPO 也很薄。总体来看，苹果不仅价格贵，和其他国产手机相比也没有什么优势。有人说，这款手机在国外才 200 美元，到了中国就五六千块钱，这实在是太坑爹了！在关于会不会买 iPhone 6 的调查中，多数人都认为产品没有新意，或者自己的钱不够用，不会买。确实，苹果除了把手机屏幕做得更大以外，似乎没有什么新的东西拿出来了。

至于 Apple Watch，有人询问为什么不叫 iWatch？当然这个问题只是一个调侃。关键在于，苹果的这款手表上的功能基本上全都是以前的智能手表、智能手环已经有的，尽管它做得更加精致，但还是没有自己的东西，甚至有抄袭的嫌疑。因为 Apple Watch 的手表上有很多圆形的应用磁贴，所以有人调侃说，苹果的这款手表除了可以显示时间，最大的优势就是可以治疗密集恐惧症。

iPhone 6 之所以会遭到网友们的强烈吐槽，就是因为它没有考虑到用户的个人喜好问题，在这个人人都追求个性的移动互联网时代，产品如果没有了独特之处，和其他产品没有了明显的区分度，吸引力就会下降很多。

用户是一个个不同的人，他们不可以被简单地划分成一类。针对每个用户，提供个性化的服务，是移动互联网时代必须要学会的事。

移动互联网经营法则 16：打造多方共赢的产业生态圈

在移动互联网时代，最有竞争力的不是某个企业，而是多个主体共同建立起来的生态圈。因此，若要长远发展，就应该看好未来的路，打造多方共赢的生态圈。

商业社会最大的竞争总是发生在生态圈与生态圈之间，商业生态系统是价值网络里面至尊级的存在体。正所谓单丝不线、孤掌难鸣，现在的企业都知道联合起来才能办大事。京东和腾讯合作，在腾讯 QQ 上做广告；万达与腾讯、百度联合起来对抗阿里巴巴；阿里巴巴投资恒大，这些企业大佬们都知道给自己多找几个合作伙伴，打造多方共赢的生态圈，他们都明白生态圈的重要性。

万达集团的董事长王健林向来都对自己很有信心。在 2012 年央视十大经济人物颁奖礼上，王健林和马云打过一个赌，说是到了 2022 年的时候，如果电商在国内零售市场的份额达到 50%，他就输给马云 1 亿元，否则马云就输给他 1 亿元。

但是，刚过去短短 2 年时间，在 2014 年，万达就与腾讯、百度一起打造合资公司，在电商方面投入越来越多的精力。王健林的态度转变得如此之快，而且知道要抱团对付阿里巴巴，用打造共赢生态圈的方式来争取有利条件，真是让人刮目相看。

在 2013 年，万达就已经开始了对电商的探索，并且还把这当成是自己五大支柱产业中的一个。但是，因为种种原因，它在电商上取得的业绩很糟糕。百度也早就在电商方面作过很多努力了，比如它的乐酷天、耀点 100、爱乐活等。然而百度的成绩也不行，这些东西甚至很多人连听都没听说过。腾讯也是如此，尽管在电商上做了有十来年，但 QQ 网购、拍拍使用的人数还是有限。

虽然在这之前，万达、腾讯、百度这三者中没有一个把电商做成功的，但它们联合起来，形成一个共赢的生态圈，其力量就不容小觑。

在移动互联网时代，没有哪个企业敢说自己是绝对垮不了的，时代成就一个企业，也可以毁掉一个企业，这就像是物种的进化和更迭，是不可抗拒的趋势。但是，生态圈却是可以生生不息、一直存在下去的，因为它有自己完整的体系。

有的企业被时代杀死了，然后就从此消亡，有的企业会在时代的发展中积极自杀，自己革自己的命，然后涅槃重生、生生不息。这些能够经受住时代考验的企业，就是有多方共赢生态圈的企业。一个企业承受不住时代的打击，生态圈就可以。因此，打造多方共赢的生态圈，不仅能让企业拥有强大的竞争力，还可以使企业活得更长久。

移动互联网时代的 20 大经营法则(五)

移动互联网经营法则 17:善于利用现有大平台

企业若要长期发展,平台是最重要的,在努力构建好平台的同时,应该善用现有的平台。懂得顺势而为的企业才能抓住机遇,利用当前所拥有的,获得更大的成功。

可能现在的平台和理想中的会有一定的差距,不过这并不重要,大家所面临的情况是相同的,能不能在这样的格局下打开局面,采取什么样的方法才可以利用好当前的平台,才是企业应该思考的问题。

移动互联网企业看似无限风光,但它们的发展都有各自辛酸的历史。百度、腾讯、阿里巴巴都用了十几年的时间才发展壮大,58 同城、汽车之家也是经历了长逾 8 年的努力,才有了今天这样的成绩。它们之所以发展得很慢,就是因为平台不是那么容易建立起来的,需要一定的时间。在平台不是很好的时候,当然不能放弃发展,应该充分利用现有的平台,把自己能够取得的成就最大化。

在平台还不是特别好的时候,发展就慢一些;当平台好了,只要能将它很好地利用起来,发展就会很迅速。腾讯的微信一经发布,就迅速蹿红，很快就吸引了一大批用户，这就是因为腾讯已经有了自己的强大平台，又能将这个平台很好地利用起来，具备了天时地利，所以才可以飞快地取得巨大成功。

企业自己要建立平台是一件很不容易的事，这从腾讯、百度和阿里巴巴这么多年一路艰辛地走来便可看出。现在的移动互联网时代，要求快速和极致，企业就一定要学会利用现有的平台，借助外界的力量来实现快速发展。马云在参加《与卓越同行》栏目、接受主持人吴小莉采访时说："假设今天我是 90 后，重新创业，前面有个阿里巴巴，有个腾讯，我怎么办？第一点，我会想应该如何利用好腾讯和阿里巴巴，我根本不会去想跟它们挑战，因为我的能力不具备，心不能太大。"这句话对现在的企业是一个很好的提示。

现在的企业，若要发展，面临着和百度、腾讯、阿里巴巴等各大企业的竞争，但要一个新的企业与这样的大企业竞争，几乎是不可能成功的。所以，相对大企业来说，小企业更要利用好现有的平台，这个平台不一定是要自己建立起来的，别人建的平台也照样可以用。

现在人们使用微信已经十分普遍了，很多企业都有自己的公众号，通过微信平台来宣传自己的东西，这就是善用现有平台的表现。企业利用公众平台、开放平台、漂流瓶、二维码、位置签名、摇一摇、图文信息、语音信息等一系列的方式，向外界发送自己的信息。

微信之所以能够迅速火起来，当然是有它的道理的。相对于微博来说，微信有它自己独特的优势。利用好现有的微信平台，企业就不需要亲自搭建平台，也可以收到很好的效果。

1. 使用微信给用户发信息，这种交流是点对点的，当人们收到信息以后，就会觉得这信息是专门为他提供的，于是便会有一种被重视的感觉。这比使用微博或者大众媒体的时候，人们觉得这信息不是自己专享的要好。

2. 使用微信的时候，发送的信息一定可以让用户看到。很多人会每天主动查看一下微信，这就比大众媒体播了也不知道有几个人看到要精确得多。

3. 用户在微信上不会看到那么多乱七八糟的广告，这就比大众化媒体高了一个档次。微博上的信息可能会和很多无关紧要的垃圾广告一起发布，这就让人很是恼火，微信就不会有这样的尴尬。

4. 现在微信非常火爆，如果没有微信，甚至都不好意思跟别人说你知道移动互联网。所以使用微信平台绝对是一件高端大气上档次的事情。

5. 微信平台的使用可以和当前所处的位置结合起来，它的使用方式很多，不会让人产生审美疲劳和厌烦感。

6. 使用微信平台，企业要做的事情不多，省力更省心，只需要对自己的内容进行定期整理，然后告诉用户，如果觉得有用就加好友，并且保证自己的更新速度，别的就不用管了。

微信平台是非常好用的，这正是它能够迅速火起来的原因，利用好微信平台对每个企业来讲都十分重要。

不管企业的规模是大还是小，建立全新的平台都不是件容易的事情。在这个追求快速和极致的移动互联网时代，逆风而行是不可取的，一定要懂得顺势而为，利用好现有的平台，这是通向成功的一个很好的开始。

移动互联网经营法则 18：经营平台，让员工自己做 CEO

企业要利用好现有的平台，也应该努力为员工们打造一个好的平台。企业不能成为把员工束缚住的机构，而应该为员工们提供展示自己的平台，所以，企业应该努力打造一个对每个人都有好处的平台，让他们把自己的能力充分发挥出来。

企业的员工在企业这个平台上应该可以充分施展自己的才华，只有员工们都将自己的能力充分发挥出来，他们获得了成功，这个企业才可以成功。

随着移动互联网大潮汹涌而至，企业需要作出的改变不仅仅是在品牌的创建以及产品的营销这两个方面，更重要的是给员工们提供一个可供自由发挥的平台。人与人之间现在已经不仅仅是简单的合作关系，移动互联网时代的到来，对以前的合作方式进行了革新，人们的合作应该更加紧密，减少因为细节的问题而产生的内耗。

以前的企业做产品，现在的企业做平台，做能够让员工们的能力可以最大程度发挥的平台。在追求快速和极致的过程中，企业原本的金字塔模式已经行不通了，必须使自己的管理变成扁平化的管理。

员工在扁平化管理的企业当中受到的羁绊会更少，能够将自己的能力最大限度地发挥出来。现在这个移动互联网的时代，员工们就像是战场上的士兵一样，必须可以灵活应对随时出现的状况，这才算是好员工。想灵活应对现实中的情况，管理就不能是金字塔式的，因为那样的话一个决策需要很多流程，花费大量的时间，转瞬即逝的商机就这样被错过了。扁平化管理能给员工更多的时间和空间，使企业成为员工的平台，提高员工的做事能力和工作热情，这是移动互联网时代需要的管理方式。

员工是帮助企业赚取利润的主体，因此，企业要成为员工们的平台，要让每个员工都觉得自己是老板，是 CEO，而不仅仅只是一个打工者。如果是自己给自己干活，我们就会充满热情，愿意加班加点，多做点事。在给别人打工的时候，我们就不会有这么大的热情了。

让企业成为员工的平台，就是给员工创造机会，让他们最大限度地释放自己的能量，让他们成为主人。当每个员工都能成为自己的 CEO 时，企业的战斗力就会空前强大。

移动互联网经营法则 19：拥有用户，就有了一切

在移动互联网时代，用户的作用比任何时候都更明显，有用户，再小的企业也可以迅速崛起，没有用户，再大的企业也要关门歇业。尽管这个时代的各行各业都是八仙过海、各显神通，用各种各样的方式来吸引人们的注意力，想方设法让自己的企业和产品站到风口浪尖上，但是，这纷繁复杂的表现后面，全都是以用户为根本的。占领用户的企业才能成为最后的赢家，古代是"挟天子以令诸侯"，现在是挟"用户"以令诸侯。

现在的跨界产品为什么可以做得比原来早就存在的产品还要出色、取得更大的成功呢？就是因为用户的关系。

马云跨界做了个余额宝，按理说这个余额宝根本没什么新鲜的地方，还是传统的货币基金模式，而且非常简单。但是余额宝迅速火了起来，一时成为人们挂在嘴边的东西。因为它刚开始的利息很高，所以很多人都把钱存到余额宝里。从 2013 年 6 月上线至 2014 年 1 月，余额

宝的规模已经突破了 2500 亿元，拥有的用户数量高达 5000 万，一举超过了连续 7 年排行第一的华夏基金，成了基金行业中的老大。

余额宝的成功，靠的不是别的，就是用户。阿里巴巴的用户数量是非常多的，而且很大一部分用户的年龄都是 18～35 岁，平均算下来，年龄是 28 岁左右。这些人的思想非常活跃，愿意接受新鲜事物。这些人有很多是淘宝的忠实粉丝，号称"宝粉"，他们都是 80 后、90 后，应该算是中坚力量。平时就使用支付宝的他们，在余额宝出现的时候，很容易便接受了它，并把钱存到余额宝当中。

互联网企业做金融行不行得通？实际上是可以行得通的，因为金融是一个非常典型的靠数据说话的行业，有大批的用户，就完全可以涉及金融。不过国家对金融方面的管控却是余额宝发展的最大限制，这又是另外的问题了，但从用户方面来看，阿里巴巴是完全可以挟"用户"以令诸侯的。

对企业来讲，用户真的是上帝，拥有了用户，什么大事都能够办成，没有用户，企业连生存都做不到。要想抓住用户，首先要从用户体验上做文章，只有提供极致的服务，让用户满意，才能赢得他们的信赖和支持。

移动互联网经营法则 20：用互联网思维，大胆颠覆式创新

有一句话叫作：穷则变，变则通。在移动互联网时代，这个"变"字显得格外重要，"变"就是创新，是改变，是与众不同。用互联网思维，大胆颠覆传统，进行颠覆式的创新，企业才有成功的可能。

现在这个时代，各个行业都有成百上千的竞争者，如果没有自己

的特点,不要说在这场竞争中胜出,别人甚至都不知道你这个企业的名字。所以,一定要展现自己的特点,抓住人的眼球。因此,创新总是能让人们眼前一亮,将人们的注意力吸引过去,而传统的东西一成不变,会让人们失去激情,甚至连看都不想看一眼。

就像永远没有长生不老的人一样,也没有一个企业可以永远都保持强大,它总会有消亡的时候,关键就在于,企业是自己先动手,刮骨疗伤,去进行颠覆式的创新,还是因循守旧,等着其他企业来把自己杀死。现在有很多传统的企业都逐渐没落了,是什么造成这种情况的?不是别的,就是他们原本在行业里的优势。因为自己拥有大量的优势条件,所以就忽略了外界的因素,只想着自己,于是就被新兴的企业轻易打败。

在移动互联网时代,越是资源丰富的大企业,越容易萎靡不振,就是因为它们固守旧的思维和模式,缺乏颠覆式的创新。现在用户才是最关键的,不去创新,不去吸引用户,用户自然就会转移到别处,企业的资源再大,也比不过互联网上的资源。

说起骆驼服饰,很多人都不陌生,它的创始人万金刚已经是快50岁的人了,对移动互联网不是很熟悉。但他就愿意学习新的思想,颠覆旧的模式,主动学习移动互联网思维,和一些年轻的小伙子们在一起参加淘宝的电商培训班。

万金刚颠覆了以前自己的旧思维,用移动互联网思维武装自己的头脑,然后运用到公司的运营当中。在2013年"双十一"当天,骆驼就有3.8亿元的销售额,这真是让人感到惊喜的业绩。

　　思维和观念永远都是最重要的，因为思维决定了行为，而行为则是成败的关键。万金刚没有上一代人的保守观念，主动用移动互联网思维颠覆传统思维，这是骆驼成功的根源所在。

　　无论在以前还是现在，创新都是企业最重要的事情。对现在而言，创新的力度要更大，颠覆式的创新才最有效。在移动互联网时代，在移动互联网思维的影响下，人们的思想异常活跃，再奇葩的思想都有可能出现，所以，只有颠覆式的创新，才能使企业和产品受到人们的关注，只有创新，企业才会永远不老。

第四章
O2O 帮你解析真正盈利的商业模式

  在移动互联网时代,人们最常提到的就是O2O,但O2O到底是什么? 它的商业模式是什么样的? 怎样才是真正盈利的O2O商业模式呢? 这些问题很多人都还没有弄明白。O2O是将线上和线下完美连接起来的模式,在利用好线上的同时,还要做好线下,因此粉丝很重要,流量很重要,客户很重要,平台也很重要。这是一个追求极致和完美体验的时代,O2O的商业模式正是为了满足人们这种需求而诞生的,有时候,一个企业只要抓住一点,就足以使它成功了。

苹果 vs 小米：果粉经济 vs 米粉经济

苹果是现在手机界的霸主，苹果的粉丝也有很多，他们把苹果的产品当成收藏品，买了一款手机还不够，要把各种型号的手机、平板、笔记本收集齐全才罢休。尤其是那款经典的 iPhone 4，因为是乔布斯去世前发布的最后一款苹果手机，也是苹果最经典的一部手机，所以收藏者必会收藏。

小米是个新兴的企业，在苹果大行其道的今天，依然能够迅速拥有自己的市场，是非常了不起的。小米走的是平民化路线，产品的价格便宜，质量不错，性价比很高，因此受到人们的欢迎，很快就有了一大批的粉丝。

苹果的粉丝叫作果粉，小米的粉丝叫作米粉。果粉和米粉分别是支撑这两个企业的中流砥柱，正是因为有了他们，这两个企业才可以在当今这个竞争如此激烈的手机行业中风生水起。如果没有这些粉丝的支持，它们一定不会有今天这样的成就。

当一些人对某个品牌或者明星特别有好感的时候，他们就会变成这个品牌或明星的粉丝，然后尽力去支持。粉丝们做起事情来都是相当疯狂的,苹果的粉丝都为苹果做过哪些疯狂的事情呢?

有的苹果粉丝把乔布斯的名字和名言文到自己的手臂上,让这个文身时刻伴随着自己,真是想忘也忘不掉;有的苹果粉丝用青苹果和红苹果在地上摆出一个巨大的乔布斯头像,而且非常逼真;有的苹果粉丝不在身上文乔布斯的名字,而是直接文一个头像上去,看起来比文字更加直观;有的人把自己的头发剃成乔布斯头像或者苹果 Logo 的样子。

至于比较平常的那些做法:在房间里收集满屋子的苹果产品,在车上贴上一大片苹果 Logo 的贴膜,将玻璃门上设计一个苹果的形状等,更是屡见不鲜。

苹果粉丝对苹果的喜爱是非常强烈的,正因如此,苹果才可以风靡全世界,成为手机和电脑行业的霸主。

苹果的粉丝实在是太多了,当苹果手机几乎人手一部的时候,我们就知道它到底有多受欢迎。苹果的粉丝一般接触苹果都是由 iPhone 开始的,进而接触到苹果的各种产品,然后他们就深深爱上了这个品牌。以后当他们想买电子产品的时候,第一时间就会想到苹果。所以苹果的粉丝虽然是通过苹果的手机接触到它,但价值却绝不仅仅是手机方面,他们是苹果所有数码产品的忠实消费者。

果粉们觉得拥有苹果的产品是一件非常值得骄傲的事情,不但他们自己这样认为,他们的思想也会感染到周围的人,使周围的人都变成苹果的粉丝。实际上,果粉的存在,完全是人们自发形成的一种状态,不管是乔布斯在世的时候,还是乔布斯去世之后,苹果公司都没有和果粉发生直接的联系。苹果能够拥有这么多自发形成果粉团体的人们,正是苹果的魅力所在。

曾经有调查表明,相对于其他品牌的粉丝,苹果的粉丝对苹果的忠诚度更高。不过,在移动互联网时代,真的有那么多完全忠诚的粉丝吗?实际上百分百忠诚的粉丝是不存在的,他们之所以没有变成其他品牌的粉丝,是因为还没有受到足够大的诱惑。不过从目前看来,苹果粉丝的忠诚度还是相当大的。

根据相关数据的预测,到 2015 年,iPhone 美国消费者的数量将会远远超过 Android。因为据了解,打算在将来买苹果手机的人数大概是愿意买 Android 手机的人数的两倍。实际上苹果的粉丝愿意使用苹果手机,不只是因为苹果手机的性能好,还和苹果的整个系统有关系,不得不说,苹果在硬件、软件各方面都做得非常不错。经过调查发现,在使用苹果手机的用户当中,只有 9％的人希望自己的下一部手机换成 Android 的,但 Android 手机用户中,却有 24％的人准备接下来购买苹果的手机。

和苹果相比,小米公司做得一点也不逊色。有人把小米的创始人、董事长兼首席执行官雷军叫作"雷布斯",这不仅因为乔布斯是雷军的偶像,也因为小米公司在很大程度上与苹果是很像的。苹果是依靠果粉,迅速成为手机行业中的佼佼者,而小米也是依靠自己的粉丝"米粉",在竞争激烈的市场中占据自己的一席之地,然后越做越大。

雷军喜欢乔布斯,连小米的产品发布会也搞得像乔布斯的苹果发布会似的。米粉经济和果粉经济有些像,但又不完全一样。苹果是不大理会自己这群粉丝的,它只是专心把自己的产品做好,而小米却不是这样，它始终把自己和粉丝捆绑到一起，让粉丝和自己保持亲密无间的关系。

小米的手机性价比高，但是在这个移动互联网时代，光有性价比还不够，如果没有粉丝，性价比再高也是白搭。小米在卖手机的时候大搞"饥饿营销"，之所以敢用这种方式卖，就是因为有众多粉丝作为资本。

小米主动把自己和粉丝联系到一起，这一点做得比苹果更到位。果粉们表现得再狂热，也像是一场单恋，苹果公司不会主动搞一些果粉活动，但小米就不同了，它和粉丝之间相当于是一场热恋，最终的结果就是谁都离不开谁。

小米和粉丝之间一直在不停地互动，从小米的微博、微信，到发布会现场有超过 1000 名米粉助阵，小米从来没有停止过和粉丝的交流。雷军经常说："因为米粉，所以小米。"是米粉成就了小米今天的辉煌，但这也是小米自己主动经营粉丝的结果。

雷军一直在向乔布斯学习，去努力赢得更多的粉丝，不过他在这一点上比乔布斯更加努力，做得更多。他不仅在产品发布的时候用产品的性能吊足了大家的胃口，还给粉丝提供了很多周边的产品，让粉丝的日常生活中处处都有小米的存在。比如长相非常萌而且特别具有中国特色的米兔、印有小米标志的 T 恤、小米背包等一系列的产品。

米粉们还可以参与到小米产品的设计与开发中，他们的意见将成为小米下一步发展的重要参考方向，这一点也吸引了很多粉丝在微博上和小米公司互动。

　　小米的成功,是移动互联网时代粉丝经济的成功,这一点毋庸置疑。"小米的哲学就是米粉的哲学。"雷军在送给米粉的贺卡上这样表示。没有米粉,就不可能有小米的今天,这一点雷军比谁都清楚。他一开始的目标是每年卖出 30 万部手机,但现在小米一年的销售数量超过350 万部,月销售数量都超过了以前一年的目标,有超过 100 万的人同时使用米聊。这些奇迹,正是米粉帮小米创造出来的。

　　不管是苹果还是小米,他们的成功都是移动互联网时代粉丝经济的成功。不过,用户的忠诚度其实并不是一成不变的,他们也可能被其他的东西吸引走。这就像是我们平时等公交车,我们之所以等,是因为公交车到点就会来,最多也就晚几分钟,但是如果那辆公交车很晚都没来,我们就不会再等下去了。

　　苹果的 iPhone 6 出来的时候引来一片吐槽声,被批评为没有新意;小米也在近期陷入了信息安全的风波,被指会向小米公司发送泄露用户隐私的信息。这两个手机品牌,会不会在今后一直保持优势的地位,还取决于他们今后的表现如何。

　　你若盛开,清风自来;产品出众,粉丝自在。粉丝经济虽然好用,但毕竟不是万能的,只有把产品做好,才是真正的硬道理。

流量决定体量：Twitter 与 PPTV 的价值

不管一个社交媒体怎么改变自己的商业模式，它依旧是用广告来创造利润的，而要在互联网上做广告，最重要的就是流量。因此，流量大，体量也就大；流量小，体量也就小。也就是说，流量决定体量。

Twitter 是一个社交网络与微博客服务的网站，是全球互联网上访问量最大的十个网站之一。它利用无线网络、有线网络、通信技术，进行即时通讯，是微博客的典型应用。在这个网站上用户可以非常方便地把自己的最新动态以及想法发送到手机或者是个性化网站群，而不需要局限在发送给个人。

在发送信息的时候，用户能够绑定 IM 即时通讯软件，不过 Twitter 用户所发送的信息应该控制在 140 个字符以内。2006 年，大围脖服务由博客技术先驱创始人埃文·威廉姆斯（Evan Williams）创建的新兴公司 Obvious 推出。不过刚开始的时候，这个服务只允许给自己的好朋友手机里发一些简单的文本内容。

2012 年 2 月，Twitter 称有能力针对不同国家和地区实施网络内容过滤，受到外界的注意；10 月，Twitter 收购了美国移动应用开发工具厂商 Cabana。

2013 年 9 月,Twitter 首次公开募股。11 月 7 日,Twitter 股票在纽约证券交易所挂牌,开盘每股 45.1 美元,较发行价大涨 73.46％,目前市值接近 400 亿美元。

Twitter 之所以能迅速发展壮大,就是利用短信服务来迅速吸收用户,提高自己的流量,这才使自己的体量不断增加。Twitter 在制作用户界面时做得非常好,因为这个界面简单明了,让很多人一见倾心,从而喜欢上它的简约风格。除了这个深得人心的界面设计,它还给人们很多实用的工具,让人们从它这里得到全新的感觉。它的独特是它的魅力所在,也是人们爱它的缘由。

为了使自己的流量一直保持并继续发展壮大,Twitter 的一切做法都是为了留住用户和吸引用户。它不停地完善自己的功能,让用户能从它这里得到更多体验;还使平台变得更大,让更多的用户参与进来。

我们能够从 Twitter 那里学到很多的东西,尤其是它扩大自己流量的方法,更是值得借鉴。Twitter 提高网站流量使用的方法有很多,具体如下:

1. 把资料做得更加完整。通过全面、系统的资料,让人们增加对它的了解,也使人们相信它。

2. 照片和视频力求真实。网上的美化图片和资料片都难以让人信服,但 Twitter 做得就非常好。

3. 一天当中会发送至少 5 个 tweet,通过这样的方式让人们时刻记得它的存在。

4. tweet 里面会有相应的链接,而且这个链接绝不是垃圾链接。

5. tweet 的形式多种多样,避免人们产生审美疲劳。

6. 对于重点的信息，着重标示出来，让人们的阅读变得更加轻松。

7. 推销的内容在主要内容中占的比例比较小，做得不是那么让人反感。

8. 适当用问题来吸引人们的注意力。

9. 用新的工具来扩大用户的群体，而不是像有些企业那样守株待兔。

10. 多和别人进行交流互动，以此来增加相互的关注程度。

11. 和其他网站结合起来，相互之间进行推广。

12. 向同类行业学习先进的经验。

13. 转发一些对大部分人有用的东西，提高人们的关注度。

14. 利用好一些适合自己的工具。

Twitter 成功的原因就在于它有庞大的流量，因为有这么多的方法来吸引用户的注意，所以它成功占据了流量，也就迅速发展起来。与它相似，我国的 PPTV 也是用流量来创造价值的。

PPTV 网络电视，别名 PPLive，是由上海聚力传媒技术有限公司开发运营的在线视频软件，它是全球华人领先的、规模最大、拥有巨大影响力的视频媒体，全面聚合和精编影视、体育、娱乐、资讯等各种热点视频内容，并以视频直播和专业制作为特色，基于互联网视频云平台 PPCloud 通过包括 PC 网页端和客户端、手机和 PAD 移动终端，以及与牌照方合作的互联网电视和机顶盒等多终端向用户提供新鲜、及时、高清和互动的网络电视媒体服务。

虽然网络视频的种类非常多，竞争也特别激烈，但是 PPTV 一直都在不懈努力，要在自己的行业当中成为领导者。PPTV 的努力得到了很好的回报，它每天的流量都特别多，这也就使得它的价值迅速飙升，很快成为行业当中的领头羊。

　　PPTV 曾经以每天 3000 多万人的流量，成为网络视频当中流量最大的一个。并且它还可以一直保持这种非常高的流量，然后用流量创造价值。为了可以将这种辉煌不断延续，PPTV 也作了很多的努力，它尽量使自己推出的大部分内容都有新意，来吸引人们的注意力。

　　在苏宁和弘毅向 PPTV 投资以后，PPTV 在资金方面就不再有什么困难了。苏宁之所以会和 PPTV 合作，主要还是因为它的流量。流量不是现金，但是却可以给企业带来非常丰厚的利润。苏宁一直和京东较量，但是随着京东这几年的野蛮生长，苏宁不得不找新的方法来和它对抗，而 PPTV 的流量无疑是一个非常好的选择。

　　PPTV 的流量是非常可观的，在很多方面都比苏宁易购高出一大截，并且这些流量的转化率很高，如果好好利用，可以给苏宁带来极大的收益。PPTV 在流量上能带给苏宁的更大优势是，它在移动端有很高的流量值，而苏宁在这方面就明显不行了。只就流量方面而言，苏宁和 PPTV 的合作就能给相互之间带来极大的好处。

　　在移动互联网时代，流量就意味着价值，拥有了流量就拥有了整个市场，这句话一点也不夸张。Twitter 因为拥有了流量，迅速做大，成为行业当中的巨头。PPTV 也因为在视频行业中占据了流量，将自己的价值完全体现出来。流量就是生命，把流量搞上去，企业就掌控了一切。

用户为王：1000 万元重要，还是 1000 万用户重要

京东商城每年都以非常快的速度成长，一跃成为电商当中最大的一家，最近又和腾讯展开合作，将移动端也占领。如此一来，它最大的竞争对手天猫也将被它甩在身后。京东商城能够发展得如此迅速，就在于它时时刻刻都把客户放在第一位，以让客户满意为最终标准。

京东商城起家就是依靠商品的价格低，是所有商城里面价格最低的。刚开始的时候已经有国美了，京东想打开市场，必须有自己的特色，所以它选择了最能吸引客户的价格战，目的就是得到更多人的认可。

电商想要发展起来其实很难，尤其是刚开始的时候，人们对这个商城一点也不了解，假如找不到合适的点来打开市场，就会特别被动。京东一开始打算做图书，但是这个时候已有亚马逊、当当等把图书做得非常好的电商，竞争异常激烈。于是，京东选择了卖家电，并且一切都以客户为主，把价格压到全网最低，赔本赚吆喝。

有人觉得京东的商品价格这么低，这是在割自己的肉喂客户。但是京东明白一点，与客户相比，赔点钱算不了什么，只要能够拥有更多

客户,企业就发展起来了。

在资金方面的投入,京东从来都是舍得下本的。就拿它的物流来说,别的电商都是用物流公司,而京东却自己做物流,这无疑要花费大量的资金,但京东却坚持这么做。其他电商的配送时间都比较长,但是京东只要一天就能够到货。虽然自建物流是难了一点,消耗的人力、物力和财力也多,但是京东送货快速的形象一下子便在人们心中树立了起来。

不但送货快,京东的退货也是相当快,而且服务态度也好。人们在网上买东西,最担心的就是拿到手上的东西和想象中差别巨大,而想要退货却又遇到百般阻挠,不是退货的过程太烦琐,就是时间太长。京东不但送货快,退货也是风一样的速度,这就让客户更加信任它。

京东的物流人员都有统一的服装,对商品的包装也有统一的标准,这就让人看着舒心,而且无形中给自己打了广告。客户看着这么整齐划一、标准十足的送货方式,就会对京东整体有一个好的印象,即便一开始不喜欢网购,也会因为京东物流人员的所作所为而爱上京东。这就又在无形中给京东拉拢了大批的客户。

京东不但舍得投资自建物流,而且其他的服务也都是以客户的利益为出发点的。只要是能让客户在买东西时有更好的体验的事,就算是花再多的钱,京东也会去做。

一般情况下,电子产品多是 7 天内可退换,15 天内可换新,1 年内保修。但是,对于这样的保修期,可能会有很多顾客感到不满意,尤其是在电商时代。人们从网上买一件电子产品，因为物流等各方面的原因，这么短的保修期，会给客户带来麻烦。京东为了使客户更加满意，提出了 30 天内不修包换的策略。

这样的策略无疑使客户感到非常满意，他们再也不用担心因为买到不合适的产品，却在退货方面遇到各种麻烦了。然而对于京东来说，这个策略就意味着它将接到比以前多得多的退货，需要花费更多的物流资金，也要为产品的折旧和损坏买单。这是所有电商都头疼的一件事，但京东却毫不犹豫地用自己的赔本换来了客户的满意，就是这种大气让很多顾客成为它的忠实粉丝。

京东商城的成功，的的确确是用钱砸出来的，它用钱开拓市场，用自己的损失换来客户的满意。京东一次次行走在刀尖上，又一次次取得巨大的成功。它的增长率能达到 200%，并且是持续数年高速增长。为什么能达到这样惊人的效果，就是因为它明白客户才是最重要的，1000 万元重要还是 1000 万用户重要？当然是用户。京东用钱来换得用户的满意，同时也换得了自己的成功。

淘宝：平台化战略商业

　　商业的平台就应该开放，只有这样，才可以把平台做好。从开放这一点来看，最出色的应该是淘宝，它在刚诞生的时候就保持着自己的开放性。它把自己打造成一个公共的平台，不管你是什么样的一个商家，只要你所卖的商品是合法的，就能够拿到淘宝来卖。只要你有某方面的特长，就能把你的服务拿到淘宝这里来，找到寻求服务的人。

　　移动互联网最大的优势就是开放，在淘宝这个开放的平台上，由淘宝提供服务，然后把各路的人马都聚集在一起，这就形成了一种巨大的优势。这个将非常多的商家和顾客联系到一起的开放平台，就成了商业集中的巨大系统，不断将更多的人吸引过来。

　　平台化战略有一个非常大的好处，就是它将很多的业务都集中到一起，于是便产生了强大的整体效应。淘宝使用平台化战略，就是要将它的所有服务都提供给用户，让用户根据自己的需要去选择，展现给他们一个丰富多彩的购物环境，让他们从此爱上购物。

　　在移动互联网时代，人们整天喊着 O2O，实际上商业的本质是不会随着形式而改变的，淘宝的战略依旧是平台化战略。

在《易经》当中,凡是提到变化的时候,都会有一种不变的东西在里面。《易经》里的观念是,有从无中诞生,然后一生二,二生三,三生万物。这里面都是衍生出来的东西,其中有些是不会改变的。虽然现在是移动互联网时代,O2O 已经成了主流,但商业的本质却不会变。

2012 年 1 月,阿里巴巴的淘宝商城正式将名字改为天猫,从此互联网上除了企鹅、搜狗、搜狐、凤凰、雅虎、电驴等"动物",又多了一只"猫"。

之所以要更名,是为了进一步满足消费者的需求,因为天猫从淘宝里面独立出来,这个平台就做得更加全面了,能够给用户带来更加丰富的体验和更多的选择。更名天猫,消费者就会对它有更清醒的认知,不会和淘宝搞混,天猫就是购物的平台,"上天猫,就购了"。

天猫虽然从淘宝里面分离出来,不过它在对品质的追求以及给用户提供更好的消费体验这方面的东西是不会改变的,而且因为更加专一,它所提供的服务将更加周到,还会经常有一些创新。天猫所追求的是变成全世界最大的一个网购平台,给人们提供最流行、最新鲜的东西。天猫始终都坚持开放合作的理念,努力构建一个完整和谐的生态环境,这也正是它能够成为一个大平台的根本原因。

2012 年"双十一"购物狂欢节,淘宝网总销售额为 191 亿元,仅天猫的销售额就高达 132 亿元。2013 年"双十一"时,淘宝总销售额是 350 亿元,比 2012 年增长了 83%,其中手机淘宝交易 53.5 亿元。2014 年,淘宝"双十一"总销售额继续迅猛增长,高达 571 亿元,其中移动端的销售额也迅猛增长,为 243 亿元。

天猫的成功,就是因为它做好了平台,成为商家和消费者联系的一个好的中间媒介,在移动互联网时代这同样也是非常有用的。

商业的本质是产品和服务,要根据市场的要求提供相应的东西,这样才可以得到用户的认可,所以,平台化战略依旧是应该坚持的。在电子商务时代就是这样,到了现在,这个本质会体现得更加彻底。

海尔从来都注重给用户提供最好的产品,给用户提供最贴心的服务。它在以前有很好的销售业绩,在移动互联网时代,只要在思维上有些许变动,跟上时代,一样会有不错的业绩。只要产品好、服务好,不管是在 C2C 或者 B2C 时代,茵曼和裂帛都发展得很好,而宝岛眼镜和银泰,在 B2C 和 O2O 时代都迅速发展壮大。

在移动互联网时代,会有这样的场景,你正在公园里散步,忽然想喝一杯星巴克,于是你拿出自己的手机,对着它说:"我要一杯星巴克。"过了一会儿,有一个星巴克的员工骑着电瓶车找到你,并将星巴克咖啡送到你的手中。你不需要给他钱,什么也不用做,就可以继续散步了,因为在你说话的时候,你已经付过账了。

当你拿着自己的手机说要一杯星巴克咖啡的时候,这句话就会传到星巴克的总部,然后星巴克会根据趣味授权,找到你现在所处的地方,接着会把这些信息告诉离你最近的星巴克商店。于是,那里的员工就会马上给你送咖啡过来了。假如你是位女性,他们就会找帅哥配送,假如你是男性,他们就会找一位美女,这种服务简直让人惊叫。

整个过程中,你都不需要输入密码,因为语音的识别可以知道你就是这个手机的用户,然后就把钱付给星巴克。当送货人员和你的相距小于 1 米的时候,就当成是交易已经达成了,这时候星巴克就无法再追踪到你的位置信息，这也使得你更加安全。

星巴克的这种消费方式已经在美国实现了，这就是 O2O 的一个特点，非常方便快捷，给消费者提供了很多便利。但是这还是要以平台为基础，有了平台很多东西才可以实现。

平台的确是非常重要的，当移动互联网时代快速到来的时候，企业要做的不仅仅只是将以前互联网上的东西原封不动地搬到手机上。我们要通过场景明白移动互联网给我们的日常生活带来的改变到底是什么。

如果只把手机当成是一个小电脑，人们可以随身把电脑携带在身上，那就太小看移动互联网了。在智能手机人手一部的移动互联网时代，人们的通信和生活发生了很大的改变，商业也会出现很多变化。O2O 难道只是线上和线下买一下东西这么简单吗？它里面包含的商业逻辑才是改变的重点。

在这些变化当中，最本质的东西是不变的，因此，淘宝还是要把自己做成一个平台，只有成了一个别人无法达到的大规模平台，才能立于不败之地。

阿里巴巴近年来发展一直都非常好，这就得益于它的平台化战略。虽然时代在变化，但这个平台还是人们需要的，商家需要平台和用户联系到一起，用户也需要一个可靠的交易平台，避免上当受骗。

淘宝做成一个平台，有自己完整的生态系统，在这里，人们可以完成自己想做的事情，并且足够方便快捷，这其实就已经足够了。只要是简单实用的，就是最好的，不管它的名字是不是叫 O2O，这都无所谓了。

微信：社交红利，有入口就有无限商机

在移动互联网时代，谁拥有了大批的粉丝、拥有了入口，谁就可以占据市场，在行业当中称霸。微信从一推出就迅速火了起来，现在它所具备的最大优势就是入口。

微信扫一扫，微信摇一摇，微信红包……不管是什么微信产品，同样的特点就是方便快捷，现学现会，甚至不用学就可以上手操作了，这正是微信成为人们喜爱的一款产品的关键所在。

在移动互联网时代，简单的往往就是最好的。正因为微信简单实用，人们容易上手，而且又具备了各种各样的强大功能，同时还有一个互联网巨头企业腾讯作为支撑，所以它就迅速占领了人们的手机端，成为一个非常重要的流量入口。

微信简直什么都包括了：你要通信，微信可以进行语音通话；你要交友，微信有摇一摇；你要看新闻，微信有新闻；你要找公众平台，微信有公众平台……

有腾讯这个互联网大佬在背后支持，再加上 QQ 号可以直接当成微信号使用，微信的使用人数直线飙升。现在微信的总用户数量大概为 6 亿，这里面潜在的市场价值有多大，不言而喻。谁占领了入口，谁就拥有无限的商机,谁就可以统治市场,这一点是毋庸置疑的。微信将人们的手机端口强势霸占,这在移动互联网时代,就是掌握了开启无限市场的金钥匙,财富近在眼前。

微信这个入口的价值有多大,我们不能直接作出判断,但是从一个事实就能知道,它的价值绝对超乎你的想象。

2014 年,腾讯用 4 亿美元买下了大众点评的 20% 股权,不仅如此,腾讯还有一项权利,在大众点评 IPO 前,它能够再持 5% 的股权。难道大众点评现在缺钱花了吗? 就为了拿腾讯这 4 亿美元的钱,把自己 20% 的股权都卖出去了,它的价格也太便宜了吧? 实际上,它最需要的不是钱,而是腾讯的微信入口。

有人可能会认为大众点评是害怕如果不让腾讯入股,腾讯就会自己单干,这样就会威胁到它,实际上这是错误的理解。腾讯的线下数据是不行的,假如它单干,在花费了大量的时间之后,也不一定会有好的结果,所以大众点评绝对不是担心这个。

大众点评在移动互联网时代的前途是非常广阔的,绝对不需要为了钱去卖自己的股权,它实际上是在用股权买腾讯的微信入口服务。

在微信的 5.2 版,已经出现了大众点评的独家入口,就在"我的银行卡"页面之下。得到了微信用户以及支付资源,大众点评的独立 IPO 就会有更大的空间。原因有三点:第一是它的用户量会明显比以前多;第二是微信支付非常便捷,这就提高了大众点评的销售效率;第三是腾讯的用户层面很广,从一线城市到乡村应有尽有,能给它的业务带来无限的发展空间。

但是,想要在微信上占有一席之地,也不是那么容易的。在微信

"我的银行卡"这个页面里,除了腾讯公司的应用,就有个滴滴打车,这个应用是有腾讯的股份的。国内最大的女性快时尚电子商务平台美丽说进驻微信,腾讯也有相应的股份。大众点评想要在微信上出现,当然也得让腾讯持股。

算起来,大众点评实际上不但没有拿到那 4 亿美元的钱,反而要给腾讯钱,当然这个钱是用股权的形式体现出来的。我们可以粗略地算一下,美国最大的点评网站 Yelp 的市值是 59 亿美元,它在 2013 年的收入是 2.33 亿美元,那么,大众点评在 2013 年团购的交易额还不足 100 亿人民币,按照 5% 的毛利率,再加上相应的广告收入,营收大概在 10 亿元左右,也就是 1.7 亿美元。假如大众点评的市销率和 Yelp 相同,那它的市值应该在 43.6 亿美元左右。算下来,腾讯将有 25% 的股权,即便除去它给出的 4 亿美元,还得到了 6.9 亿美元的钱。

从大众点评用股权来买微信入口,就可以看出微信有多么大的商机,如果没有商机,大众点评是绝对不会做这样看似赔本的买卖的。

微信占据了入口,不仅在微信上做生意有很大的商机,就连不能直接挣钱,并且看似不挨着的东西,都能够在微信上做。因为拥有入口,所以微信有无限种发展的可能,因此也就有了无限的商机。比如搜索,微信涉足看起来和自己毫不相干的搜索,顿时让搜索行业的巨头百度大吃一惊。

2014 年 8 月 14 日,微信的新版本 5.4 正式发布,它在四个方面作出了明显的调整:一是能够搜索公众号,多了很多相关的搜索功能;二是在用户看图的时候,能够识别里面的二维码;三是能够利用二维码转账;四是适配 iPad 等终端。

对这个版本的微信,很多人都把关注点放在了可以转账这方面,但这次新版本的重点却不在于此,它最重要的是增加了搜索功能。别人看了还不要紧,百度的李彦宏一看到这个功能,顿时感到非常紧张。

虽然微信的搜索不是像百度那样可以搜索一切东西,只是搜一下公众号和文章,但从数据上就能够知道,这绝对不是一件小事。到2014年7月,微信上已经有接近600万个公众账号,并且还在以每天1.5万个的速度增长着。这是什么概念?增加了搜索功能以后,微信将会成为新一代搜索引擎。

微信不但提供了分享的平台,还有了搜索功能,这就使它能够形成一个自己独立的系统。在微信上看到一篇很好的文章,到百度上却搜索不到,而在微信上,你只需要把记得的部分内容打上去,很快就可以找到它了。

每个人都可以把自己原创的东西发到微信上去,而且别人搜索也相当方便。以前的微信都是我们被动地接收一些东西,但是现在它既有被动又有主动,变成了一个非常强大的入口。很有可能将来的大部分移动互联网数据都储存到腾讯的云上,那时腾讯就会在搜索领域瓜分百度的既得蛋糕。

因为占据了入口,微信有很多种发展的可能,所以,当它往搜索方面试探着前行的时候,连百度这样的搜索巨头都不由得产生畏惧之心。

微信拥有庞大的用户群,将入口牢牢控制在手中,自己操作起来又方便快捷,而且还在不断地更新换代,功能越来越强大,体系越来越完善,这就注定了微信要在移动互联网时代扮演一个非常重要的角色,拥有无限商机。

360安全卫士，免费模式的赚钱之道

360安全卫士（以下简称360）从刚开始的免费，到现在依旧还是免费，它的免费是很有道理的，免费其实是为了赚钱。

360一路走来，虽然受到了人们的喜爱，但是各种大战从来就没有停过，总是不断和其他公司产生冲突。2013年11月7日，360又有了一个新的敌人，这个敌人就是搜狗。两个公司各说各的理，一时间让人难以判断究竟谁是谁非。

之所以被很多企业当成眼中钉，就是因为它是免费的，不管是以前的金山、卡巴斯基，还是后来的腾讯、百度等，和360产生冲突都是因为免费这档子事儿。正是由于免费，360能够迅速占领人们的电脑，在移动互联网时代则又迅速占领了手机终端，但也因为这一点，360有众多敌人，它发展的历史就是一场战斗的历史，不停地在与其他公司发生战斗。

为什么360会成为人们争相攻击的目标？就是因为360这种免费模式赚钱有道，是一个非常好的模式，所以才会引起其他企业的围攻。优秀的人总是会受到众人的排挤，优秀的企业也是如此，360不停和其他企业有战争，反而证明它是优秀的，对别人是有威胁的。

360 拥有 4 亿多的活跃用户,免费帮它迅速占领了市场,在移动互联网时代,谁占领了市场,谁就掌握了金库的钥匙,随时可以打开金库的大门,赚到丰厚的利润。360 凭借自己的永久免费,成了安全软件当中一匹冲击力惊人的黑马。

360 能用免费创造利润,自然就有它的赚钱之道,它是怎样把免费的模式利用好的呢?

首先,360 的免费模式是以前旧的免费模式的升级版本,更加适合人们的需求,所以才能经受住时间的考验。

在 360 还没有开启免费模式的时候,我国的计算机安全软件有三大巨头,分别是瑞星、金山和江民,这三个巨头将市场完全垄断。但是 360 一出场就将这一局面完全粉碎,很快就占据了安全软件的绝大多数市场。要知道,在那个时候,有 90% 的电脑都没有安装安全软件,所以 360 的发展空间非常大。

从 360 出现的那天起,它的用户数量就在持续增加,到了 2013 年 9 月,它在 PC 端的活跃用户数量已经到了 4.65 亿,在手机移动端的用户数量也有 4.08 亿,360 浏览器的月度活跃用户数量也有 3.42 亿,而且这个数量还在继续增加。

从 360 的活跃用户上看,它已经成为我国第一大安全软件和第二大浏览器公司了。尽管 360 是承诺永久免费的,但它赚取的利润却是不断增加的,从 2009 年开始盈利为起点,到 2013 年的收入为 6.71 亿美元,360 的成长速度是惊人的。一个永久免费的软件,却创造了这么大的收益,它的盈利点就是在线广告以及互联网增值服务。

相对于以前旧的免费模式,360 的免费是进化了的,所以它才可以拥有强大的赚钱能力。免费是为了把用户吸引过来,360 是将免费当成一种商业模式,并非像别的企业那样,只将免费看成是营销手段。它们之间最大的不同之处就是可不可以给用户长时间创造价值,360 永久免费而且在质量与服务上都做得十分到位,所以给用户带来了非常好的体验感,这就是它深受人们喜爱的原因。以前很多产品传统的免费模式,都是先免费试用一段时间,然后就开始收费,而且免费产品的体验感非常差,会夹杂着很多广告或者是功能不全面,这就给人们留下了很差的印象。所以,360 的免费模式是创新的,能够满足人们的需求,所以受到大家的喜爱。

虽然不能通过产品直接盈利,但是却用免费吸引了绝大多数的用户,当用户对 360 产生依赖心理的时候,它就霸占了网络入口。安全是人们和网络接触时最关注的一个问题,360 免费提供高质量、高体验的安全软件,就使得它成为人们上网时不可缺少的一款软件。有了这么多忠实的用户,360 的软件根本不需要收费,只需要在这些入口上打个小广告,就可以赚到很多钱了。

在主要经营的安全软件业务上,360 还有相应的增值服务。用免费来提供增值服务,也是它赚钱的一个非常重要的方式。尽管增值服务是能够赚钱的,但 360 并不想因为赚钱而影响到自己的口碑,所以这些增值服务和原来的 360 免费安全软件是分开的,以前免费的东西还是免费,不会受到影响。这样一来,其实对 360 是有更大的好处的,因为各种业务相互之间可以产生好的影响。免费的业务是独立的,但是360 将其他的业务也放到免费业务上显示,这就在无形中做了很多广告,再加上 360 免费业务使用的人非常多,其效果是相当明显的。

由此看来,360 实际上是做成了一个完整有效的盈利模式,通过免费的业务来提高自己的用户占有量,然后用各种增值业务来赚钱,赚来的钱又成为把免费业务做得更好的资本,然后拥有更多的用户,赚到更多的钱。

360 实际上是把自己变成了一个完整的平台,在这个移动互联网时代,它把自己做成一个生态系统,这是非常正确的选择,任何企业要想在今天发展壮大,都必须使自己成为系统的平台。360 和别的公司打不打仗,这不是普通用户所关心的,人们在意的是它够不够安全,是不是免费的,使用的时候好用不好用。360 正是抓住了人们的心理,所以给人们提供了更加方便和安全的服务。它做平台,把很多东西集中到一起,让人们使用的时候变得更加得心应手。它做安全浏览器,做网址导航和安全认证,做安全桌面,做手机安全卫士⋯⋯这些都是平台化的应用,一下子解决了用户的很多问题。

360 能把免费模式变成赚钱之道,就是因为它抓住了移动互联网时代人们所追求的两样东西:"免费"和"安全"。其实免费的东西不应该是粗制滥造的,免费的反而应该是最好的,尤其是在移动互联网时代,这个思想更是体现得淋漓尽致。

360 的永久免费,将互联网和移动互联网的安全引领到一个全新的格局当中,开创了自己的免费加增值服务的赚钱之道。它致力于保护大众电脑和手机上网的安全,有清除网络木马和病毒的勇气和决心,并努力建设自己的平台,所以它的赚钱模式是长远的、可持久的,在移动互联网全面到来的今天,依旧可以继续红火。

用移动支付改变传统营销支付

在移动互联网时代，传统的支付形式已经落伍了，移动支付正逐渐兴起，并改变传统营销支付。

移动支付也称为手机支付，就是允许用户使用其移动终端（通常是手机）对所消费的商品或服务进行账务支付的一种服务方式。单位或个人通过移动设备、互联网或者近距离传感，直接或间接地向银行金融机构发送支付指令，产生货币支付与资金转移行为，从而实现移动支付功能。移动支付将终端设备、互联网、应用提供商以及金融机构相融合，为用户提供货币支付、缴费等金融业务。

移动支付是新兴的东西，既然是新兴就会面临一定的困难，这是十分正常的。就算是我们把金融服务和可以让消费者随时发送资金的技术与软件很好地融合到一起，消费者与营销的人还是会对移动支付有怀疑之心。新鲜的事物总是让人心存疑虑，虽然移动支付不需要高价的成本，不过还是会面临很多困难，这些困难会因为市场的情况有所差异。

尽管现在我国的智能手机已经很普及了，用移动支付的方法来缴费的需求也是越来越多,但这只是表面上看到的东西而已,相关的人士已经明确表示,要把移动支付变成一种普及率非常高的产业,还面临着很多困难,主要体现在以下五个方面:

1. 毫无疑问,远程支付依旧是现在很普遍的支付方式。在以后的时间当中,怎样将之过渡过来,应该用什么样的标准和政策去引导,这些都是值得思考的问题。

2. 人们会对移动支付产生怀疑,就是因为没有可靠的平台作为支撑。那么怎么去建立一个使人们信服的平台?这个平台应该靠谁去建设?它的标准又是什么?

3. 现在很多商家都没有 POS 机,对移动支付了解得也不是特别多,怎样才能使移动支付更加深入人心呢?

4. 目前尚未形成一个真正成型的产业链,从硬件到芯片再到制卡还有设备制造,这些都是应该形成链条的。怎样把这个流程做活,同样是一个问题。

5. 各个环节都还没有可以参照的标准,没有形成可行的模式,从商业模式到技术模式以及安全模式和监管模式,这些都是需要去研究的。

移动支付应该是一个庞大的生态系统,不可能通过一两家小公司就把这件事做成。它需要多家公司共同合作,一起努力将这个产业的链条完善好,各方面的工作做到位。只有克服了种种困难,才可以使移动支付完全被人们接受。

在人们的内心深处,固定支付还是人们最喜欢的一种支付方式,如使用现金支付,用支票或是信用卡支付,都是固定支付的一种。在移动互联网时代到来的今天,这种固定支付的方式需要改变,只不过目前的移动支付做得还不是特别好。

对新事物有担忧,这是人之常情,但人们对此能不能保持一个合理的度,却是一个问题。智能手机迅速普及只是这一两年的事情,很多人还没有及时把观念转变过来,因此移动支付就注定会遇到一些阻力,不过很多企业都已经意识到移动支付的广阔市场,开始涉足这一领域。"BAT"三巨头在移动支付上的竞争就在 2014 年如火如荼地展开了。

2014 年 4 月 15 日,百度开始向移动支付方面进军,出了一个叫"百度钱包"的东西。腾讯、阿里巴巴、百度这三个本来就已经在移动互联网时代争斗得不可开交的巨头,又一次掐了起来,目标就是移动支付。不过这次和以往不同的是,百度并不像以前那么着急,它等腾讯和阿里巴巴争了半年多后,才慢吞吞地加入战局。

腾讯和阿里巴巴在移动支付上的争斗是从 2013 年开始的,支付宝和微信支付把移动互联网搞得鸡犬不宁。然而,百度却是一反常态,并未马上投入战斗,而是在一旁沉默着,似乎在坐山观虎斗。

事实证明,百度确实是有所准备的,它虽然很晚才出手,却是有所准备,"百度钱包"确实是个不错的产品。现在的移动支付已经不仅仅是支付那么简单了,它应该能够形成一个移动生态闭环。"百度钱包"就是百度努力创建"用户—搜索—服务(平台)—支付"这个生态闭环的一个部分。它不但将百度原来"连接人与服务"战略的最后一个环节弥补上了,还能够将百度在移动应用分发领域的入口优势利用起来,并且与百度的团购业务以及百度地图相互照应,开拓全新的移动业务天地。

"百度钱包"不止能够用来支付,还将 O2O 这个生态链延伸出去,因此它刚刚公布,就迎来了乐视网、百合网、国美在线等近千家企业的介入。"百度钱包"能够进行"刷脸支付"、"拍照付",还依靠"搜索+轻应用+支付"模式,并以团购、地图、轻应用、手机百度为基础,提供了"所搜即所得,搜索即服务"功能,把消费信息全面延伸到商场、电影院、餐饮、KTV 等各种场所。所以,"百度钱包"不仅拥有强大的在线支付、交易、充值、生活服务、提现、账户提醒等支付功能,还有更多的创新服务。

移动支付迟早会变成主流的支付方式,三巨头都看到了这一点,而百度表现得更加沉稳,"百度钱包"将所有的生态闭环都连通起来,这是腾讯和阿里巴巴所没有想到的,所以它很有可能会在接下来的竞争中取得更多的优势。

在移动互联网时代,腾讯、阿里巴巴和百度总是想得比别人更多,看得比别人更远,所以它们竞争的地方,很快就会成为众人关注的焦点。移动支付经过这么一折腾,马上就被人们重视起来。

移动支付需要比较高端的技术,但还是很快被诸多的商家采纳,成为一种新兴的付费方式,这也是移动互联网时代典型的快速的特点。

很多新兴的东西都会像移动支付一样处在一个进退两难的局面上,因为所有人都在考虑这个东西会在什么时候变成自己可以用得上的产品,并且希望别人能先试用一下,他们便能得到更多的经验。

在对移动支付进行推广的时候,可以试着先让它融入人们的日常生活当中,并且尽量扩大它普及的范围。当它在人们身边流行起来的时候，人们就会逐渐接受它，并且越来越离不开它。比如可以把移动支付系统融入一个企业的系统里面，这样员工在平时的工作中就可以使用移动支付。当他们发现移动支付的好处以后，就会接受这种支付方式，并在自己的生活中广泛使用，影响身边的一大批人。

对移动支付，很多人都是持观望的态度，不过其中的期望或许会多一些。怎样让移动支付变得更有价值，这是必须认真考虑的。移动支付除了能够让人们在支付的时候更加方便以外，还应该给人们带来更好的体验感，让人们为它着迷。不管是什么产品，设计都是非常重要的，移动支付也需要用设计来包装自己，让消费者有好的使用体验。

在推广的时候，不能操之过急，一定要试探着前行。因为一个错误，就可能会给新兴事物带来毁灭性的打击，小心谨慎、步步为营才是成功者应该遵循的理念。移动支付不应该在前期就大量投入资金，而应该循序渐进，让发展顺理成章，不要拔苗助长。

随着移动互联网时代的到来，移动支付进入人们的生活是迟早的事情，它肯定会改变传统的营销支付方式，成为人们支付的主流方法。只不过，现在它还需要时间发展，只要按部就班，不操之过急，就能稳步前行并逐渐壮大。

二维码成为传统产品营销利器

当人们都有了智能手机的时候,随时随地都可以扫描二维码,而二维码的广告也是随处可见。我们可以看到在公交车或者地铁上,有人会拿出手机扫描贴在车厢上的二维码。可能不少人见到这种情况时会觉得这些弄二维码的企业都是互联网企业,传统的企业不需要搞这些东西。

假如你是这样认为的话,那你就在移动互联网时代落伍了。没错,很多互联网企业是会用二维码来推广自己的产品,但传统产品也可以使用二维码来营销,二维码完全可以变成传统产品的营销利器。

二维码只是一个工具,它通过扫描的方式将线上和线下迅速连接起来,这不只是互联网企业才可以使用的专利产品,任何企业都能利用它来实现自己和用户之间的联系。尤其是对传统企业,因为在移动互联网时代,传统企业有很多东西需要变革,二维码更是一个非常有效的时髦工具,最好能够马上把它利用起来。

在我们的日常生活中,你会发现,二维码无处不在,绝不仅仅是互联网企业在用二维码,所有能跟上时代的企业都在用二维码,因为它真的很方便。比如：

你从京东商城买到一件东西，在京东的包装袋上就有二维码，只需要扫描一下，就可以下载京东的手机客户端，然后就可以从手机上登录京东商城购物，方便快捷。当然，这还是互联网企业，传统企业同样也都在使用二维码。

你在超市里买一个电饭煲，在包装盒上就能看到二维码，扫描这个二维码，你就可以找到这个厂商的信息以及电饭煲的相关内容。

你在书店看到一本好书，书的后面可能就印着一个二维码，扫描二维码，可能进入一个与读者交流的入口，可能进入一本书的相关网站，还有可能进入出版社的界面，还可能进入一个 APP 的下载界面……

二维码从出现的那一天开始，就因为其方便快捷的特点，很快成为人们生活中不可缺少的一部分。现在我们在衣食住行各方面，无论干什么事情，都可以看到二维码的影子。公交车上、地铁上、广告牌上、橱窗里、商品包装上、书籍上、电视节目的片尾，只要留意一下，你就会发现自己的生活已经被这些由黑白相间的格子组成的二维码包围了。

以前的广告，人们能够接受的信息很有限，如果信息量太大，根本记不住。现在有了二维码，广告变得非常简单，不需要人们去记住多少东西，只要拿出手机来扫一扫，就可以完成很多事情，整个过程也不过是几秒钟的事情而已。用二维码做广告实在是太方便了，在这个入口上，链接的可能是无限的信息，只需人们扫一下即可。

正因为二维码极大地方便了人们对信息的接受过程，所以二维码才会迅速占领广告的各个角落。昨天还不知道二维码是什么东西，今天就到处贴满了这种方格子，它就是这么风靡世界。

传统产品绝对不能忽视使用二维码做广告这一点，在这个追求快速的移动互联网时代，没有人会随身携带个笔记本，把看到的网址记下来，人们只会拿出手机扫一下，瞬间把万千信息装到手机中。如果传统产品还是完全走旧的广告模式，拒绝使用二维码，那广告做出来的效果就会大打折扣。

现在的智能手机几乎已经融入每个人的生活，离开手机的日子，人们可能一刻也过不下去。在大街上，在公园里，在咖啡馆，在一切有人的地方，我们都可以看到人们在低头摆弄自己的手机。手机成了人们形影不离的东西，这意味着什么？这说明所有的广告途径中，最有效的一种广告方法就是把你的广告装到人们的手机里去。二维码正是做到了这一点，所以它才会被那么多的商家认可。

以前的广告是在电视里做，在建筑物的墙上做，在户外的大广告牌上做，在报纸上、车身上做。但是，现在时代不同了，在移动互联网时代，在智能手机已经成为人们生活中不可或缺的一部分的时代，手机广告才是最重要的广告。那些实体广告绝对比不过手机上虚拟世界里的广告，相信在不久的将来，手机广告会成为非常重要的广告类型。作为手机广告的先行者，二维码只是一个最初级的手机广告产品，可能在以后会变得无足轻重，不过在目前，它是十分重要的广告形式。

很多传统企业的商家使用二维码都非常成功，比如下面的这个例子。

　　黄记煌是一个非常有名的餐饮企业,它很早就开始使用二维码。当顾客到黄记煌吃饭的时候,就能够看到桌子上的二维码,顾客所要做的事情非常简单,就是用手机扫一下这个二维码,便能够看到这家餐馆的菜单了。这个方式非常新鲜,受到很多人的喜爱。

　　看到菜单以后,顾客可以使用桌子上的 iPad 电子点餐系统选择自己想要吃的饭菜。因为每个人都可以通过扫描二维码得到一份菜单,所以大家就不用凑到一个菜单上看吃什么,直接看着自己的手机就行了,而且从这样的菜单中得到的信息更加丰富。

　　正因为黄记煌的这个特色,很多人觉得新鲜感十足,还会经常到这里来吃饭。

　　黄记煌将二维码应用到经营当中,不但使自己的服务更加完美,还非常具有时代的气息,使整个餐厅都显得与众不同。这就受到年轻人的欢迎,值得传统产品企业去学习。

　　不过在使用二维码的过程中,也不能盲目地认为用上二维码就可以了,因为使用二维码也是有注意事项的。仅仅外表上看起来高端是没有用的,最后还得看实际的效果。

　　有的企业认为只要用上了二维码,就显得自己跟上了潮流,为了让这个二维码更加显眼,就买了一个户外的大广告位,把二维码挂到高高的牌子上。这样的做法是毫无用处的,除非有人开着飞机拿手机去扫描,否则不可能有人扫得到,所以扫描数量绝对是零。

　　还有人把二维码放到街边的大广告牌子上,这还没什么,关键是这个二维码非常大,近距离根本扫不上,人们要想扫描,就得站到马路中间去。如果扫描一个二维码还要冒着生命危险，相信没有人会去扫的。

二维码给商家带来的好处非常多，不管是互联网企业还是传统的企业，都应该好好利用二维码这个工具，给自己的产品打广告。不过在使用的过程中，却要注意不能把原本的好事办砸了，否则就会像上面的例子那样，让二维码完全失去了它的作用。

简单来说，二维码不应该太大，也不能太小，一定要方便人们在一个合适的距离去扫描。这个高度也要把握好，最好是在 1.3 至 1.7 米之间。二维码不要放到一个太隐秘的地方，人们不会像侦探一样去寻找二维码，一定要让它出现在明显的地方，让人们一眼就可以看到。在二维码旁边可以有一些文字、图片来简单介绍，增加它的吸引力，这是提高扫描率的最有效的方法。

总之，在移动互联网时代，二维码是一个绝对不容忽视的东西。它应该成为传统产品的营销利器，给传统产品带来更大的空间，而不仅仅只是互联网企业的事。和 PC 端的搜索框有异曲同工之妙，二维码是移动互联网的入口，利用好这个入口，传统产品将会有更加广阔的销路。

玩好跨界，成为跨界整合高手

在求新求变的移动互联网时代，跨界已经不是什么新鲜事了，不跨界反而让人觉得不正常。这是一个跨界者可以把原来的人赶下台的时代，所以我们应该掌握跨界这项新技能。玩好跨界，成为跨界整合高手，这不仅是个人能力提升的需要，也是时代的需要。

"跨界"应用于各行各业。有不少明星在演完电视剧以后就去演电影了，然后又唱歌，唱完歌还可能做一些选秀的节目。现在的《我是歌手》《爸爸去哪儿》都非常火，都是明星跨界的结果。

企业的跨界也是非常多：以前是做电商的，现在却开始在金融上发展了；以前是做社交服务的，现在却转行做手机了；以前是房地产商，现在突然转移到电商方面……移动互联网时代是充满无限可能的时代，很多人都开始做意想不到的事情，并且取得的结果还非常好。

商业界面临着重新洗牌，一个谁都没有听说过的企业，一旦发迹，就来势汹汹，把以前称霸业界多年的企业逼得走投无路，这种情况在以前根本不可能发生，但现在却是很平常的事。跨界行为，往往因为初生牛犊不怕虎的精神，再加上给人们带来了新鲜感，迅速把人气吸引过来，取得超乎想象的成绩。

　　现在的人不跨个界，都不好意思说自己跟上了时代。在郭敬明跨界当导演，用几部《小时代》电影赚足了票房的时候，韩寒也不甘落后，跨界当了一回导演，同样取得了成功。

　　韩寒跨界当导演，第一部作品是《后会无期》。这部由韩寒这位著名的青年作家当编剧和导演，由一众新生代偶像人气演员冯绍峰、陈柏霖、钟汉良、王珞丹、陈乔恩、袁泉等人联合主演的电影，票房一路飙升，在首映第一天就拿到了 7460 万元的好成绩。在 4 天里便突破了 3 亿元票房，并在 7 天的时间里超过 4 亿元，截至 2014 年 8 月 10 日，它累计的票房已经达到了 5.9 亿元。

　　韩寒的第一部电影就取得了如此好的成绩，真是让人各种美慕。面对这种情况，外界言论也是褒贬不一。有人认为相比韩寒的小说《一座城池》，这部电影对故事的讲述要完整得多，可见韩寒自己是花了很大力气去拍这部电影的，而且电影很有他自己的风格，这是非常值得肯定的。《后会无期》符合现在年轻人的口味，因此取得好票房也在情理之中。有人则觉得韩寒写小说还可以，拍电影的功力还是不行，这部电影故事情节非常松散，从头到尾讲的就是两个人的一次旅行，就像流水账一样，毫无意义。郭敬明的电影像是一个 PPT，韩寒的电影更像一个 word，脱离不了文字，连人物的对白都比剧情更有吸引力。

　　作家跨界当导演，演员跨界当导演，这都不是什么新鲜事儿了。王朔、郭敬明、韩寒都是作家跨界当导演，而赵薇的《致我们终将逝去的青春》、徐峥的《人再囧途之泰囧》则是演员跨界当导演的代表，据说邓超在拍摄了《四大名捕》系列以及《中国合伙人》以后,也有想当导演的意向。

在人们的思维高度活跃的移动互联网时代,各行各业其实已经没有明显的界线,因为有网络的存在,隔行如隔山的情况被淡化很多,很多行业的信息在网上都可以看到,人们完全可以根据自己的兴趣爱好自学喜欢的知识,这就给跨界提供了很大的便利。

跨界也要讲究方法和策略,有的人跨界是跨到一个和自己以前的工作相关的领域,这样一来,他做事就不会太难上手。有的人跨界做了以前自己完全不了解的事情,虽然做起来会遇到很多困难,但同样也是有好处的。因为什么都不懂,反而会有更大的创造力,而且因为是跨界而来,很容易带入自己原来行业中的一些思想,这就给该行业注入了新鲜的东西,所以容易成功。

看那些跨界当导演的,票房都非常好,跨界做生意的,都能迅速开辟出自己的新天地,我们就知道,跨界的力量有多么强大了。

在移动互联网时代,跨界已经变成理所应当的事情,如果你不懂得跨界,没有跨过界,总是十分保守地在自己的一亩三分地上打转,就和时代脱节了。玩好跨界,成为一个跨界整合高手,你才可以在这个时代站住脚眼。

因为跨界,你不知道自己的下一个竞争对手是谁,也许一个原本和你的行业八杆子打不着的人,现在正对你虎视眈眈,而你却茫然不知。在那些充满野心的人眼里,移动互联网时代是一个最好的时代,正因为市场变化风起云涌,他们才可以乘风而起,振翅而一飞冲天。玩好跨界,完全可以在移动互联网时代化身为龙,迅速冲云崛起。

这不是一个靠防守就能守住企业的时代,如果被动防守,总有守不住的时候，所以应该主动出击，进攻才是最好的防守。既然时代是求新求变的，人们又在不停地跨界，那就应该比别人行动得更早，比他们跨界更早，早一步行动，就多一分胜算。

看看腾讯，先是做聊天软件，然后做游戏，开发手机应用，投资电商，做微博，做门户网站，做杀毒软件，做购物网站……腾讯一直在跨界做着各种各样的事情，几乎没有什么是它不做的。正因为腾讯不停地跨界，才有了今天庞大的腾讯帝国。

看看阿里巴巴，它是电商，更是各种跨界，既做余额宝，在金融方面试水，又和恒大合作，向足球方面进军。

看看360，先是从免费的杀毒软件起家，现在又开始做导航网页、网页游戏、360新闻、社区，硬件方面还有摄像头、路由器、随身 wifi 等。

现在没有一个先进的企业是不跨界的，不跨界就要等着被别人跨界过来，那你就连容身之地都没有了。所有具有移动互联网思维的企业，都要想办法跨界发展，让自己变得更强。

顺丰在快递界应该算是一个巨头，顺丰的送货速度绝对是国内一流的，但顺丰并不认为快递行业就是一成不变的，它在努力寻找自己的突破点。顺丰在国内的快递行业里总是走在最前面的那一个，它时刻都在酝酿着变革，通过变革让自己变得更强。

最近顺丰又打算变革了，要跨界做连锁店。它准备做线下的连锁店，这个连锁店是以社区生活服务平台为目的的。连锁店在中端住宅区以及办公楼区建立，店里会用屏幕给消费者提供虚拟销售、广告展示、预售等各种各样的服务内容。根据初步的计划，连锁店的数量在3万家左右。

其实,顺丰早就开始在便利店方面进行试探,2014 年已经是第 4 年。当然,顺丰的跨界思维并不仅仅在便利店上,它的思路比这个要广阔得多。自 2013 年起,顺丰就已经在电商快递、仓储服务、供应链物流、货运等各方面主动寻求新的发展了。

顺丰能在快递行业坐上第一把交椅,不仅仅是因为它风一般的送货速度,主要还是它不断追求新的变化,不停跨界,让自己的实力变得越来越雄厚,这才是它成功的根本原因。

移动互联网时代,跨界已经变成非常普通的事情,几乎所有的企业都在寻求跨界发展之路。因此,要想跟上时代的步伐,不被时代抛弃,就得主动去跨界,玩好跨界,成为跨界整合的高手,只有让自己变得强大,才能不被别人跨界所打败。

第五章
用 O2O 战略引导传统行业战略升级

　　移动互联网思维是无处不在的,不管企业是传统企业还是互联网企业,都需要向移动互联网转化。不要以为传统企业不需要移动互联网思维,可能和互联网企业相比,传统企业更需要它。未来将是移动互联网的天下,传统企业如果固守自己原来的思想,就会被时代抛弃,只有用移动互联网思维武装自己,让传统行业升级进化,才能有出路,才会有未来。

一切传统商业都逃不开互联网化、移动化

移动互联网的大潮汹涌而来,没有一个企业可以在这个大潮当中独善其身,不管企业的思想是保守还是开放,不管是否愿意接受全新的移动互联网思维,这场惊涛骇浪已经不可阻挡地席卷了所有的企业。

没错,一切传统商业都逃不开互联网化和移动化,这是大势所趋,不会随任何人的意志而改变。面对这样的现实,有的人拍手叫好,认为一个属于年轻创业者和勇于改革者的时代已经到来,有的人则愁眉不展,固执地认为移动互联网不会一直这么发展下去,传统的商业还是传统的商业,并且会在将来依旧占据主导地位。

实际上,我们根本不需要去和任何人争论移动互联网会有怎样的发展,只需要用眼睛去看就可以了。天猫 2013 年“双十一”当天的销售额达到 350.19 亿元,已经占了全国每天平均社会销售总金额的一半,传统的商业难道不应该想一想如何与移动互联网结合吗?当微信平台大行其道,微博的转发和评论数量动辄百万的时候,传统的商业媒体难道不应该深思一下自己应该怎样互联网化吗?当余额宝一经推出就迅速火遍大江南北,规模不断增大,超过 2500 亿元的时候,传统的

银行是不是该考虑一下自己的移动化战略了?

任何传统商业都不可能逃过互联网化和移动化,不管是什么企业,不管在以前传统商业的地位有多高,都不得不面对这个事实,时代正在全面向移动互联网变革,挡也挡不住。

有的企业觉得一直在做传统商业,一接触互联网总是有些担心,害怕自己不能像那些互联网企业那样取得好的业绩。实际上,传统行业和互联网企业一样,都可以往移动互联网方向发展,不信就来看看传统商业移动互联网化方面的实际例子吧。

制鞋企业应该属于传统商业链里面很平常的一类企业,但是用移动互联网的思维来做这个的企业还不是很多。我国的制鞋企业本来就很多,中国甚至可以说是全世界鞋子的一个巨大生产工厂,因此该行业的竞争异常激烈。这几年经济危机的影响一直都在持续着,所以制鞋行业的情况当然也是不容乐观的,在这时候开个制鞋厂,简直就是在悬崖边上行走,危险重重。

然而有一家制鞋的企业却一点也不担心,因为除了制鞋企业这个身份以外,它还是一家互联网企业,将移动互联网的思维融入了自己的运营当中,符合时代的潮流,它就是个性化鞋类定制电商 IDX 爱定客。

2012 年 6 月,IDX 爱定客网站正式上线,它是一个专业经营与制造个性化定制鞋类的品牌,面向海内外市场。它的 A 轮融资规模达到千万美元,这时候,距离它上线也才刚刚过去短短 10 个月的时间。

尽管潮流的变化比任何时候都要迅速,各种产品的划分也是越来越细致。但是爱定客有自己的特点,它将选择与设计的权利交到顾客自己的手中,让他们通过自己的意愿来表达自己的情感,穿出自己的特色。当然,能做到这一点,除了有创意之外,主要还是因为它有足够强大的平台以及效率非常高的柔性生产线。爱定客的网站界面特别人性化,顾客可以根据自己的喜好选择和设计出自己喜欢的产品,然后由爱定客负责生产,并在七天的时间里把顾客设计的东西生产出来。

正是因为爱定客非常新潮,符合人们个性化的消费心理,所以它有很广阔的市场,销售业绩也非常好。

传统商业一般都是埋头生产自己的产品,和消费者几乎毫无互动,而在消费者买到产品之前,也几乎对企业一无所知,就算已经把产品买到手了,售后服务也是不尽如人意。传统商业互联网化、移动化,首先就应该像爱定客那样,加强和顾客之间的联系,虽然不一定让顾客自己设计产品,但顾客的意见应该成为产品设计和生产的重要影响因素。

百度的李彦宏表示:互联网正在加速淘汰传统企业,互联网在整个中国还是一个小的产业,互联网以外的产业是更大的产业。而每一个这样的产业都面临着互联网产业的冲击,当然,从互联网人的角度来说,面临着几乎是无限的机会。

实际上,在移动互联网时代,传统企业和互联网企业都是一样的,不但面临着机会,同时也有巨大的挑战。互联网企业就一定能在移动互联网时代胜出,传统商业就一定不能在这个时代成为赢家吗?单从企业的性质来判断这一点是非常武断的。

这是一个全新的时代,任何企业都要转型,不仅仅只是传统商业。传统商业由于自身各个环节上的原因,在移动互联网时代转型可能会变得比较困难,这实际上不是移动互联网的问题,是企业本来就存在的问题。不只是传统企业转型有困难,互联网企业在移动互联网时代也会遇到各种问题。

不管是传统企业还是互联网企业,都不一定具有移动互联网思维。所以,传统企业完全没有必要存在畏惧心理,而应积极改变自己的思维,努力让企业转型,这才是最重要的。

2013 年 9 月,北京公交集团为了能够更加方便地满足广大市民的各种出行要求,开始向移动互联网方面发展,推出定制公交平台。在这个平台上,想坐车的人将自己的要求填写到调查表当中,并且提前订好商务班车上的座次,在网上支付车票钱,就可以在预定时间获得车票,顺利出行。整个流程非常简单,乘客只需根据网上提示的步骤进行操作,就可以轻松搞定。

商务班车的座位是按月预订的,每个人都有自己的专座,并且在行驶的过程中是一站直达的。在行驶的过程当中,它可以走公交专用道,所以在交通十分拥挤的今天,比自己开车要快上不少。一辆商务班车正常运行,就可以顶得上二三十辆私家车,对缓解交通拥堵是非常有好处的,而且还能够减少尾气排放,低碳环保。

在定制公交平台推出以后,公交集团在这个基础上,根据人们的需求,制定出商务班车的行车路线。从 9 月份开始,很快就有 26 条线路正式开通,并且还有 38 条新的线路正在筹备之中。公交集团将会利用这个平台,给人们提供更加贴心、更具人性化的服务。这一全新的公交模式,也受到了北京市民们的一致好评。

就像例子中的公交平台一样，传统企业应该将移动互联网充分利用起来，而不是在这个时代面前犹豫彷徨。移动互联网是一种思维，是一个时代的标志，任何企业都将被移动互联网影响，在未来，将没有移动互联网企业，因为所有的企业都将会移动互联网化。所以，与其被动同化，不如主动改变，传统商业需要的就是改变的勇气和具体的行动。

重新用移动互联网思维改造战略体系

当年乔布斯拿着 iPhone 3 出现在人们面前的时候，所有人都感到这将是一场革命的开始。因为智能手机的出现，全世界的互联网都变得和以前不一样了，我们将它称为移动互联网时代。在这个时代，谁能够占领人们手中的手机端口，谁就可以占领市场，把市场变成自己的后花园。

在移动互联网时代，人们的主要上网工具由电脑变成了手机，但形式的改变却并不是最重要的，移动互联网思维才是这个时代的核心价值所在。

移动互联网刚露出端倪的时候，不少人觉得这就是互联网的一种延伸，只不过是将上网的途径转换了一下，各种功能还是没有多大变化。也就是说，手机上的东西在电脑上都能够通用，没什么新鲜的。但是，很快人们就发现，事情没那么简单，移动互联网比互联网要灵活多变得多。

首先，移动互联网的使用者数量更加庞大，因为手机的操作难度比电脑低，所以很多人不会用电脑，但很少不会用手机；其次，在移动互联网时代，用户的习惯发生了转变，以前人们都坐在电脑面前上网，但现在不管是走路还是坐车，是站着、坐着还是躺着，人们都可以随时拿出手机上网，比以前方便得多；最后，在移动互联网时代，用户的要求更加个性化，这是任何时代都比不了的，即便是互联网时代，我们也并非人手一台电脑，有很多家庭只有一台电脑，但手机就不同，几乎是人手一部，连小孩子也不例外。

移动互联网和互联网时代是绝对不同的，在位置信息这一点上，就是显而易见的。在互联网时代，我们根本不知道一个人是在哪里上的网，但是现在，只要打开手机的定位系统，我们就能知道他的具体位置，很多相应的 APP 也应运而生。

被很多人诟病的所谓"约炮"神器陌陌，在移动互联网时代红极一时，即便有腾讯的微信，它还是顽强地存活了下来，并且用户规模一直在上升，规模已经达到了 1 亿。陌陌之所以能够出现，就是因为在移动互联网时代，我们可以知道每个人的位置信息，这在以前是无法做到的。

陌陌虽然一直饱受争议，但现在得到了阿里巴巴的投资，也许会有全新的发展，因为在移动互联网时代，一切皆有可能。

微信现在也是火爆异常，用户的数量一直在增加，规模远超陌陌，达到了 6 亿。微信也是移动互联网时代独有的产品，在以前也不会出现，现在用户可以利用自己的智能手机来微信摇一摇、二维码扫一扫，做很多在互联网时代无法做到的事情。

移动互联网时代改变的东西太多太多，不仅是我们的位置信息和平时的习惯，更关键的是，它改变了商家与用户之间的关系，还改变了人们的思维方式。企业要想在这个时代获得发展,就必须用移动互联网思维改造战略体系,否则是不可能有未来的。

这是一个用户和企业联系更加紧密的时代,以前人们可能在电脑面前与商家取得联系,但只要离开电脑,这种联系就消失了,而现在不同,只要拿着手机,用户就可以随时随地和商家交流互动,达到永远在线的效果。

信息传播的速度变得非常快捷,这是移动互联网时代的显著特点,移动互联网时代的各种产品也都是为了方便人们更加快速地完成某件事情而出现的。陌陌和微信让社交变得更加容易;天猫、京东、亚马逊、苏宁等让购物变得轻松自如;滴滴打车和快的打车让出行变得更加方便;口袋购物让导购时刻伴随在你身边……

移动互联网是给所有人提供更优质的服务时代,这就要求企业把所有的事情都做到极致。因为追求极致,苹果才会有那么多的果粉追捧,假如乔布斯没有在设计制造时的苛刻要求,就不会有艺术品一样的苹果手机。现在苹果都出到 iPhone 6 了,它的形态没有太多的变化,却依旧被追求个性的年轻人所喜欢,就是因为它已经做到了极致,即使没有太大变化,它仍旧是最好的,仍旧会受到人们的喜爱。

不过即便是苹果手机这么有自信的产品,也不敢忽略市场的需求,因为在移动互联网时代,没有什么是不能被颠覆的,在屏幕的尺寸上,它就有所妥协。

苹果手机虽然风靡全世界,但在移动互联网时代,一家独大的局面只会持续得越来越短,比如小米和锤子等手机品牌的迅速崛起,就在我国占领了一部分的手机市场。尽管和苹果相比,小米和锤子的销售业绩算不了什么,但苹果却不得不注意到这个问题。

除了手机的硬件配置之外,人们对手机的外观也有一定的要求,所以尽管 iPhone 4 已经是一部经典的艺术品,但苹果却不得不作出相应的改变。iPhone 5 把手机的屏幕变长了,而 iPhone 6 更是有两种不同的尺寸,即 4.7 英寸版的和 5.5 英寸版的,这就让用户有了更多的选择。

按照乔布斯的说法,"消费者不知道自己要什么",苹果本来是不需要作出任何改变的,但是现在它却不得不推出大屏的手机,原因就是,在移动互联网时代,企业必须要满足消费者的需求。消费者想要大屏的手机,企业就不能固守自己的思想,必须满足消费者的这个想法。

在移动互联网时代,企业最重要的使命就是和消费者之间取得联系,根据消费者的喜好,提供最为人性化的极致服务,这样才可以赢得消费者的信赖,占领市场,这就是移动互联网思维改造战略体系的核心。

小米因为让"米粉"参与到产品的设计中,所以生产出来的手机转眼就销售一空,这正是利用好了移动互联网思维。任何企业,想要在移动互联网时代取得发展,都必须像小米一样,用移动互联网思维改造自己的战略体系。不要害怕改变,因为改变是成功的开始!

传统企业如何打造适合自己的 O2O 平台

对很多传统企业来说，它们之所以在移动互联网时代不知道该何去何从，很多情况下是因为内心深处对移动互联网的抵触心理。正如房地产大亨王石所说："淘汰你的不是互联网，而是你不接受互联网。"

不管你对移动互联网是怎么看的，你都不得不承认它已经变成了这个时代的主流，它不仅对企业产生了重大影响，对我们的衣食住行也都会形成了不可忽视的影响，我们的生活变得更加智能化也更加网络化。

整个时代都已经移动互联网化了，如果企业还是固守着自己那传统的、落后的思想，不能跟上时代的变化，它就只能被时代淘汰。实际上，根本用不着其他企业出手，企业自己就已经陷入困境，因为在移动互联网时代，脱离了移动互联网，几乎是寸步难行。这绝对不是开玩笑，而是板上钉钉的事实，如果不相信的话，可以看看这几年市场上的真实情况：

2013—2014 年，在这说长不长、说短不短的一年当中，零售行业发生了翻天覆地的变化。不少企业的专营店遭遇了倒闭的尴尬局面，零售业的前景不容乐观。在特步、中国动向、匹克、李宁、安踏、361 度等运动品牌的专营店中,已经有 3000 多家门店关门歇业了。

要说移动互联网时代什么最火,可能当属线上零售业了,仅 2013 年淘宝在"双十一"一天的销售额,就达到了 350 亿。和线上零售正好相反,线下的零售行业情况不容乐观,很多店铺都因为不赚钱而纷纷关门。

线下零售店也不是没有人光顾,但很多顾客却是只看看不购买。大多数人只是到店里逛一逛,浏览一下就走,或者是看一看产品,觉得符合自己的要求,就到网上下单购买。网购的方便快捷,让很多传统的店铺面临前所未有的威胁。

传统企业被移动互联网搞得晕头转向,为了不让自己被淘汰,就应该在移动互联网时代积极作出改变,打造适合自己的 O2O 平台。

面对移动互联网的大潮,很多企业都知道自己面临着极度的危险,必须作出改变。地产大亨王健林曾经表示自己永远不做电商,但是面对当前的形势,他也不得不妥协,让万达集团的业务上线发展。酒仙网以前根本不相信酒也能搞 O2O,认为"酒类 O2O 是伪命题",但现在却也不得不做这方面的事,于是便有了"酒快到"。

在移动互联网高速发展的今天,谁可以融入它,谁就能够在未来占据主动,取得成功,这里面最重要的就是拥有适合自己的 O2O 平台。刚开始的时候,人们怀疑 O2O 的作用,认为这只不过是一个噱头,但事实证明,它绝对不是中看不中用的。谁可以快速建立起属于自己的O2O 平台,谁就能拥抱移动互联网时代。

当以前的互联网企业纷纷在移动互联网时代做出各种大动作的

时候,传统企业更加不能落后,一定要加快步伐,在 O2O 上多下功夫。在这个移动互联网时代,O2O 就相当于是飞机大炮,传统的营销模式则是小米加步枪,所以,若要成功,必须利用好 O2O 这个威力强大的武器。

传统的企业应该怎样打造 O2O 呢?那些团购的自助火锅就做得非常好,人们想去用餐,只需要在网上预订,然后付款。到了餐厅,只需要拿出手机,让他们看一下信息就可以了。

不过这种模式也有很大的弊端,人们往往都是冲着低廉的价格去的,假如有打折,他们就会过来,如果不打折,他们就不会再来这里消费了。对一个想打出自己品牌的店来说,这样显然是不划算的。

相比而言,海底捞做得更加出色,它从自己的情况出发,结合移动互联网,打造出属于自己的 O2O 平台。海底捞不会为了赢得更多的用户而去打折,它的东西是"永不打折"的,它强调的是"以客户体验制胜",只有好的体验,才能赢得更多的回头客,企业才可以做大做强。

传统企业在利用 O2O 的时候,一定要结合自己的情况,就像海底捞一样,打造出最有利于自己发展的 O2O 平台,而不是盲目跟风,以为有了 O2O 就很潮。如果 O2O 不能帮企业创造价值,那它就是中看不中用的东西了。

至于怎样打造属于自己的 O2O 平台,关键是看企业的发展方向是什么,自身的企业文化是什么,准备打造哪些有特色的东西。O2O 只是一个模式,它是移动互联网时代实用的工具,却并非万能的东西,企业怎样利用它才是最主要的。

在追求极致的体验、享受特色服务的移动互联网时代,企业要想办法让自己的 O2O 平台与众不同,给用户全新的体验。有了自己的特色,适合自己的发展,才是好的 O2O 平台。

用移动互联网改变消费者体验格局

　　在移动互联网时代,消费者的体验变得比任何时候都更为重要,它直接决定了消费者和商家是不是一锤子买卖。企业想稳步发展,就要有大批的忠实用户和粉丝,因此,对消费者的体验,企业必须充分重视起来。因为有移动互联网,消费者的体验变得不同于以往,企业要善于利用移动互联网来改变消费者体验格局。

　　消费者追求的是极致的体验,如果某品牌的产品能给他们带来喜出望外的体验感,他们将不仅仅只喜欢这一件产品,同时也会爱上这个品牌。苹果手机就是因为用户体验感非常好,而收获了一大批忠实的粉丝。

　　以前商家总是通过在媒体上做广告来提高自己产品的知名度,认为这样就可以和消费者拉近距离了;但这样做其实并不一定管用,因为距离虽然近了,却不代表消费者会认同这个产品。在移动互联网时代,因为人们可以随时把自己的感受通过手机发布到微博、论坛等地方,所以消费者的体验会给产品的销售带来很大影响。

　　如果某个品牌的产品受到大众的追捧,它就会像滚雪球一样,受到越来越多的人的喜爱。假如一个细微的环节处理不当,例如总是在不该有弹窗的时候出现广告弹窗等,可能消费者就会因为体验感不佳,对这个品牌产生排斥的心理。讨厌的人多了,这个品牌最终就会无人问津。

移动互联网让企业和用户之间的联系变得比任何时候都更加紧密,用户可以随时把自己的想法反馈给企业,企业也可以随时得到用户的想法,从而对自己的产品作出改进。因此,在移动互联网时代,消费者的体验应该比以前好得多。

"七格格"是一家做服装的网店,但它所做的服装和一般的服装店有很大区别,它主打原创风格。"七格格"拥有 1 位专职服装搭配师和 15 位年轻的设计师,他们的产量非常高,基本上每个月都会设计出超过 100 件新款服装。

和传统的设计不同的是,"七格格"在衣服还未生产的时候,会先把设计好的图片发布到网上,让众多网友和粉丝对各个款式进行投票,并且讨论它们有什么优缺点。然后,"七格格"会根据这些信息,对设计好的服装进行改进,再次发布出来让人们点评,经过几次调整之后,才最终敲定生产哪一款服饰,并上架销售。

正是因为"七格格"生产的服装都是经消费者自己参与设计和修改的,所以他们对这些衣服都非常喜爱。通过移动互联网,让消费者参与到商品的设计过程中,使他们的体验感达到极致,这也让"七格格"拥有了一大批忠实的粉丝。

移动互联网让信息的传递变得迅捷无比,企业和消费者之间的联系从未如此亲密过,像"七格格"这样,让消费者参与到商品的设计和修改当中,就能充分调动消费者的积极性,增强他们的体验感。

体验感的最高境界无疑就是让消费者由被动变成主动,让他们参与到生产的流程当中,按自己想法生产出来的东西,肯定是喜欢的。小米的成功,就是充分利用了消费者的体验,让消费者成为"米粉",最终成为小米的死忠。

传统企业在移动互联网时代更要学会利用移动互联网增强消费者的参与感,在这方面,我们可以看看雕爷牛腩是怎样做的。

创立雕爷牛腩的雕爷对移动互联网营销有很深刻的认识,他说:"互联网最有意思的是粉丝文化,往往某个产品做得不错时就会形成'死忠',一个产品越有人骂,'死忠'就越坚强。"

一个产品不怕有人骂,因为骂的人越多,粉丝们就会反抗得越激烈,有可能掀起一场骂战。骂战的结果就是,这个品牌被更多的人知道,它就火起来了。因此,在移动互联网时代,不管是追捧的还是贬低的,最终都有可能带来好的结果。

消费者的体验感是最重要的,雕爷很清楚这一点,因此经常会找一些人来试吃,让他们找自己的茬。用户参与到产品的找茬当中,他们的参与感十足,最后也就会产生满足感。消费者满足了,还给出了员工们不能给出的客观评价,这对商家是非常有好处的。雕爷表示:"借助这种让用户参与到改进的思维方式,第一不用花钱,第二能巩固老顾客的忠诚度,第三比自己养神秘顾客的效果还好得多。"

因为移动互联网的存在,人们随时随地都可以和企业交流互动,这就给企业创造了机会,让用户参与到自己的产品设计和生产过程中。传统的企业可以像雕爷牛腩那样,让消费者参与到对产品的评定当中,这会使消费者觉得自己是很重要的,自己的感觉受到企业的重视,有很好的体验感。

以前总是说顾客是上帝,但这个上帝却并没有什么体验感,因为它几乎不能对产品产生任何影响。但是现在不同了,移动互联网让消费者在产品的设计、生产、改进等各个阶段都可以参与进来,体验感十足。

企业要充分利用移动互联网的优势,增强消费者的体验感,这样就可以收获大批粉丝。有了忠实的粉丝,企业的发展将会很容易。

从线上到线下，优化一切产品流程

电商在这几年迅速发展是有目共睹的事，正因如此，很多传统的线下零售行业也都开始向电商转化，走线上和线下相结合的道路。从线上到线下，只不过是形式的一种转变，而最重要的还是对产品流程进行优化。

对线上和线下哪一个更好的问题，实际上用不着深入研究，因为它们的目的只有一个，就是帮助商家多卖出产品，提高商家的品牌价值。无论是线上还是线下，零售商都是将消费者和供应商连接在一起的那座桥梁，因此，它的本质应该是优化产品的流程，让消费者得到更多的方便。

为了体现出自身的价值，零售商应该以消费者和厂商为根本出发点，根据这两者的情况，制定切实可行的经营方法和发展战略，这样才会有长久的发展空间。

时刻想着消费者，站在他们的角度上去思考问题，这点很重要。一般人们消费可以分成四步：一是挑选，二是到商店，三是付款，四是售后服务。消费者所追求的一定是优质的购物体验和简单的购物流程，在购物中所需要接触的环节越少，就会感觉越自由。

　　所以说,要想给消费者更好的体验,可以从两个方面入手:一是全程为消费者提供非常到位的服务,二是对消费者有充分的了解。

　　消费者要在选购、付款、送货、售后各方面享受到一站式服务,并且在这些步骤上不需要过多留心,只专注于想购买的产品就可以了。消费者是来买东西的,不是来体验买东西的流程的,因此,这样的流程衔接得越好,消费者越感觉不到它的存在,购物体验感就越强。

　　了解消费者也是非常重要的,只有了解他们的喜好,才能对症下药,做出对企业发展有利同时也令消费者满意的事情。因此,应该为消费者建立一个反馈信息的平台,多收集消费者的意见和建议,了解他们最真实的想法。大数据的概念目前非常流行,将消费者的信息收集起来,就是利用大数据来作出决策。

　　只了解消费者是不够的,还要注意把厂家当成中心,一切的战略都要考虑到厂家的问题。产品从厂家到消费者手中,需要经历的环节有设计、生产、物流、储存、销售、送货等。整个过程较为复杂,所以厂商很有可能忽略了消费者的需求,即便不忽略,在相应的认识上也可能存在偏差。

　　零售商除了要为消费者提供好的服务之外,还应该努力凭借自己的体量,尽可能多地参与到厂家生产之后的各个环节当中去,让厂家免除在流程中产生的烦恼。因为对消费者有足够的了解,零售商还可以为厂家的设计提供意见,让消费者的喜好引领产品的设计方向。

　　做好流程就能形成打造"成功"的流水线,虽然过程可能复杂些,但这些努力还是值得的。

　　京东商城之所以能够成为电商中的佼佼者,就是因为它把各方面

需要准备的东西都做好了，由线上到线下，产品的流程简单有效。京东
对不同的商品都给了一个能够展示它们的平台，消费者在浏览商品的
时候不需要花费太多的精力去寻找。因为是网上购物，不存在时间和
地点的限制，消费者只要能上网就能购物。

京东拥有自己的物流，这在刚开始的时候并不被人们看好，因为
它需要很多资金来支撑，但是刘强东还是坚持自己做物流。现在京东
的送货速度快是人们一致认可的，由此也可见自建物流的好处了。

正如京东做好物流才能在电商当中笑傲江湖一样，从线上到线
下，零售商还有很多商业基础设施的问题需要解决。首先，货物必须有
地方储存，而且物流条件要好，让厂家生产出来的产品可以很快运送
到各个具体的销售点。其次，要有线上线下营销平台，将营业员与线上
多姿多彩的媒体广告手段结合起来，让消费者对商品产生更深刻的印
象。再次，还要有售后服务的团队，这样才可以让消费者买得放心。最
后，有些中小企业在发展时可能会面临资金短缺的问题，这时候就要
建立融资服务体系，根据订单的数据，给厂商提供免担保信用贷款。

零售商打通线上和线下，将厂商和消费者紧密联系到一起，优化
产品流程，带来的将是非常好的结局——不但厂商和零售商都有钱
赚，消费者也会特别满意。

第六章
用O2O改写传统商业模式

在移动互联网大行其道的今天，传统商业模式必须作出改变，才能适应时代的变化。用移动互联网思维改写传统商业模式，把线上和线下结合到一起，使用O2O的模式给企业带来全新的发展，是大势所趋。O2O模式最主要的不是新鲜，而是它更加方便和实用，能给消费者带来更好的体验，不管是传统企业还是互联网企业，都应该积极利用移动互联网思维改写旧的商业模式。

什么是 O2O 商业模式

虽然现在人们总是把 O2O 挂在嘴边，但很多人可能对它并没有太多的了解，那么，到底什么是 O2O 商业模式呢？

O2O 就是 online to offline，也就是把线下的商务机会与线上相互结合，使互联网变成线下交易的前台。O2O 的好处是，线下的很多服务可以利用更广阔的线上空间，消费者不需要到实体店，只要动动手指，就可以在网上挑选自己所需要的服务了。它结账也非常方便，只要用网银支付一下就可以。O2O 还有一个非常重要的特点，它的推广效果是能够查出来的，并且可以跟踪每一笔交易。

O2O 商业模式中最为重要的一点是：如何在网上找到潜在的消费人群，并且让他们到线下的实体店当中购物？它把给实体店创造的消费者流量与支付模式结合了起来，最终把消费者引领到线下购物。这些购物情况是存有记录的，完全可以查出来，因为它们是在网上进行的，所以会有这样的情况。有了记录的数据，就可以帮助商家分析和管理，对提高销售业绩有很大的好处。

O2O 模式拥有巨大的商机，不管你对 O2O 的看法是怎样的，它的市场已经到来。有人认为，"在本地化、互动化方面，O2O 是大趋势"，这个观点是非常正确的。从团购网站的发展就可以看出 O2O 有多么受欢迎。

团购网站在我国出现是在 2010 年,然后它迅速火了起来,无数团购网站如雨后春笋一般冒了出来。2011 年 8 月,团购网站数量达到了顶峰,有 5058 家,可见团购的火爆程度。但是,到 2014 年 6 月,这些团购网站只有 176 家存活了下来,其他全都被淘汰了,其淘汰率之高令人咋舌。

现在团购网站依然不好做,但三大巨头却依然坚挺,它们就是大众点评、百度糯米和美团。2014 年上半年,这三家团购网站占据了市场份额的 84.2%,而若是加上排在它们之后的另外两家团购网站,排名前五的这几家团购网站所占的市场份额就超过了 99%。由此可见,团购网站除了几家规模大的,其他小网站均生存艰难。

不管团购网站现在是否面临严冬的考验,团购网站曾经的盛行,已经表明了人们对 O2O 模式的热情。人们很容易就接受了这种在线上支付、在线下得到服务的方式,O2O 的巨大吸引力也初露端倪。

O2O 的市场是十分广阔的,那将是万亿元级别的市场。从相关数据中可以看出,目前我国线上消费和线下消费所占的比例依旧存在很大的差距,线上消费仅有 3%,线下消费则高达 97%。

事实证明,人们在网购中所花的钱是很少的,而在 KTV、理发店、餐厅、干洗店、超市等地方的消费依旧是主体。这里面有很多服务是必须要亲自到实体店才可以享受到的,在线上无法独立完成。这些都是可以用 O2O 模式进行开发的,如果全都采用线上揽客、线下服务的方式,潜力将非常大。

O2O 模式符合人们对个性化的要求。因为网上的信息众多,消费者将有更多的机会找到自己喜欢的东西。因为是在网上选择,不受地理位置的限制,商家不需要把自己的店选到非常繁华的闹市地段,这样就节省了房租。商家将更专注于提高自己的服务水平和产品质量,这对消费者来说又是一件好事。

O2O 商业模式的实际应用形式千变万化,涉及生活的方方面面,比如社区 O2O——1 小时急送。

如果你是宅男宅女中的一员,有没有遇到过在夏天的深夜睡不着觉,忽然想吃零食,但家里却没有的情况呢? 鲜蜂网可以解决你的难题。在鲜蜂网上下单,只需要等 30～60 分钟,你就可以在家里收到一份小龙虾了,是不是很惊喜呢?

鲜蜂网凭借着它独一无二的送货快速的优点,很快就拥有了一大批用户,上线短短两个月的时间,北京用户就达到了 15 万人。

鲜蜂网现在出售的商品还不是很多,一般一个品类里仅有一个供应商,其中有奶制品、小龙虾、水果以及有机蔬菜等。如果用户下单了,后台会根据用户的信息,将订单发给距离用户最近的店主,让社区店主做最后的送货任务。因为社区店主一般离用户并不远,往往还不到 30 分钟,用户就可以收到自己买的东西了。

正如社区 O2O 一样,O2O 是存在于我们的日常生活中的,它就是线上和线下的结合,没有什么特定的形式。只要能够将线上和线下结合起来,给用户创造更好的消费体验,这种 O2O 模式就是成功的。

　　有些人的思路僵化了，认为把传统的东西放到网上就是 O2O 了，或者认为有了微信、二维码就是 O2O 了，这都是错误的理解。真正的 O2O 应该是充分利用移动互联网，结合企业本身的特点，给消费者提供这个时代所需要的极致、快速的体验。只有消费者认可了，才不是虚的 O2O，才是能盈利的 O2O 商业模式。

O2O 商业模式在传统行业的运用

　　将 O2O 商业模式运用到传统行业当中,虚拟的互联网也就和现实结合了起来。如果以前认识的移动互联网和现实的生活没有太多联系,那么 O2O 可以完全改变人们的认知,因为它是能够直接关系到你的钱包的。

　　有了 O2O 以后,移动互联网不仅仅只是虚拟的世界了,人们可以通过它赚钱,但同时就要提供相应价值的服务或商品。给这些东西出钱的人就是消费者,他们之所以愿意在虚拟的世界里买单,主要是因为这里的商品带给人的感觉是物超所值的,或者是它们的价格比较低,又或者是购物的体验比较好。

　　网上的店铺,一般都会以"低价"作为促销的手段。找各种各样的理由推出低价商品是电商经常做的事情。当价格比拼已经成为电商竞争中的主要手段时,还有什么能够吸引消费者的呢? 有的电商开始在送货速度上寻找突破的手段,最典型的就是京东商城。加快送货速度虽然不是顾客最为关注的点,但却是购物体验当中非常重要的一个环节,值得 O2O 商家花费大量的力气去解决。

　　一位消费者在网上买了一双鞋,本来买的尺码是他自己经常穿的尺码,但是因为所买的这个品牌的鞋比其他鞋的尺码大一些,所以这双鞋偏大。消费者不知道这种情况,等拿到货以后,试了一下,发现尺寸偏大了,但此时快递员早已经离开了。消费者打售后服务电话,要求退换货,费了很大劲,又搭上额外的运费,才算是拿到穿着合适的鞋子。

　　相信在网购服装等物品的时候,很多人都遇到过尺码不合适的尴尬局面,这也是难以避免的。如果是在线下的实体店购买,就不会有这样的事情发生了,因为你在买一双鞋之前可以随便试穿。线下购物时的体验感会很强,在这方面它存在着线上无法比拟的优势。在移动互联网时代,消费者的体验感是十分重要的,如果消费者对体验感觉满意,他们就愿意买单,否则,再便宜的价格都不一定能把他们吸引过去。

　　传统行业在用户的体验感这方面应该是有很深的体会的,因为以前主要就是靠这个来吸引顾客。只有对自己的这个专业十分了解,明白销售的产品有哪些特点,知道自己的顾客是什么心理,了解市场上的行情是怎样的,才能在传统行业与O2O结合的时候,具备很多优势。

　　如果一个传统行业的商家,在提到自己的产品时能够滔滔不绝地讲述很多相关的事情,并且讲解得非常到位,那他在宣传自己的产品方面一定做得不错。在利用O2O的时候,他一定可以从移动互联网上得到更多的宣传优势,从而使自己的产品拥有更加广阔的市场。

　　但是,要做好O2O也并非是一件特别简单的事情,它既要求做好线下的事情,又要求把线上的营销做好。线上要吸引足够的客户流量,线下的资源也要及时跟上去,两个方面都给力了,这样才可以做好O2O。为了能做到这一点,首先得明白自己最擅长的是做哪方面的工作,是擅长网上营销还是擅长在线下用服务把顾客留住。知道长处是什么,才能发挥自己的长处,并努力把短缺的地方弥补过来,从而慢慢地在O2O上得心应手了。

黄太吉煎饼铺本来很小,它专心做自己的煎饼,在面积还不到20平方米的小地方,会有很多人排队等着买它的煎饼。因为煎饼做得好,有很多人在微博和朋友圈讲这件事,于是黄太吉受到越来越多人的欢迎。

黄太吉从一开始的毫不起眼,到后来的估值千万,靠的不是单方面在线上或者线下如何努力,而是把这两者结合起来的O2O思想。当别人还在思考着O2O应该如何去做时,黄太吉已经在默默实践了。

黄太吉先是做好自己的产品,把线下的功夫做足,让自己的产品超出用户的想象。人们吃了这里的煎饼,都觉得回味无穷,下次还要再吃。因为有了这么好的口碑,在线上宣传也就水到渠成了,甚至不用自己宣传,顾客就主动帮忙呼朋引伴过来吃煎饼了。

黄太吉的成功是O2O的成功,可见再传统的企业也是可以利用O2O求发展的,连一个普通的早餐商家也不例外。

很多人知道要做O2O,但具体应该怎么做呢?

假如你对移动互联网了解不多,更多的优势是在线下建立起来的,那你要如何将O2O做好? 最佳的方法是找一个对网络营销十分在行的专业人才过来合作。由于在传统行业做的时间比较长,形成思维上的定式是不可避免的,因此一定要找一个懂这方面的人来进行指导。但是,有思维定式也不一定就是坏事,这也可能是你的优势所在,所以也不必过于担心。找更了解移动互联网的人合作，是为了让你的旧思想和新的思想产生碰撞，这样很可能就会爆发出耀眼的火花。我们不能保证这火花就一定是正确的，但至少它不是因循守旧的。

　　假如你擅长在网上做营销活动，那么在进行 O2O 的时候就可以多给自己一些融入传统线下行业的机会。虽然做线上的事情是很需要技巧的，但做线下也不是特别容易，如果只注重线上而忽略了线下，也绝对行不通。

　　移动互联网时代是一个求新求变的时代，它允许在尝试的时候出错，然后不断改进，却不允许总是停在原地、止步不前。快速推出新的东西，不断完善和进步，才是移动互联网时代的成功法则。所以，传统行业在开展 O2O 的时候，不要害怕出错，只要大胆走下去，前途就将是光明的。

线上→线下商业模式的运用

随着移动互联网的飞速发展,它已经成为我们生活中不可或缺的东西,从线上到线下也是人人都知道的一种商业模式。但是,应该怎样具体运用从线上到线下的商业模式呢?

不少商家听到线上到线下的时候都会感到非常兴奋,因为这种商业模式能够帮他们吸引大量的顾客,然后创造高额的利润。线上到线下的商业模式给商家创造了无限的商机,所吸引的顾客数量之庞大前所未有,也正因如此,它受到很多商家的追捧。

说起线上到线下,很多人首先想到的就是团购。在团购的时候,我们只需要在线上购买相应的套餐,然后交付货款,接着就可以拿着手机上的短信到相应的地点去领取自己购买的东西了。如果是餐厅,消费者在吃饱喝足以后,还可以到大众点评网上去给这个餐厅一个好评,或者是表达自己的不满。因为有网友们的评价,所以很多人就知道这家店好不好,让消费者在消费的时候更加放心。线上的东西就是这样影响到线下的实际消费的,而且影响还很大。

二维码的出现,让广告变得更加容易,二维码的"虚拟超市"可以完成线上到线下的完美转换。用户只要扫一扫二维码,就可以进入网上的商店,下单之后就可以在家里等着送货上门了。

大众点评网在线上到线下这方面做得相当不错,它把网友们的智慧集中起来,让自己变成不是权威的"权威"。

大众点评网让所有的人都可以参与到评论一家餐厅的好坏当中来。尽管网友们所说的话很多时候都带有鲜明的主观色彩,而且话语往往会很偏激,或者捧上天,或者一棒子打死,但如果将很多人的观点组合起来看,就会产生客观的观点。群众的眼睛是雪亮的,如果绝大多数人都认为一家餐厅好,那它很有可能真的好,很值得去试一试;如果人们都给差评,那这家餐厅还是不要去了,免得上当受骗。

网友们的点评,再加上商家自己的一些优惠措施,会引导消费者的流向,给餐厅带来很大的好处。如果你身处一个熟悉的地方,大众点评的用处可能体现得还不是很充分,但假如你到了陌生的城市,它的作用就显而易见了。来到陌生城市的你肯定不知道哪家餐厅好,于是就会上大众点评看一下,这时候,相信网友们的评论比自己去尝试要好得多。现在手机定位很方便,只要找到那家餐厅的位置,然后打开地图导航,就可以很快找到餐厅了。

大众点评网将线上和线下结合起来,让人们不需要亲身试验,就能从网友们的评论中知道哪家餐厅的食物更好吃,在这个大多数人都喜欢旅游的时代,这真是再好不过的服务了。正因为方便、实用,所以才会有那么多人喜欢大众点评网,而它上面的数据也就越来越丰富。

很多商家搞活动的时候会发放优惠券,但并不是每个人都能有时间去领这种实物券的,然而在消费的时候,如果看到别人有优惠而自己却没有,心里会觉得很不舒服。如果利用好线上到线下,就可以解决这个问题。商家可以发放电子版的优惠券,人们在消费的时候只需要出示一下自己手机上的优惠券,就可以享受优惠了。通过这样的方式发放优惠券,将不受时间和地点的限制,让消费者都有公平享受优惠的机会。

日常生活中有很多线上到线下的实际应用,比如拼车。

当你想去一个地方,但自己坐车又太贵的话,可以选择拼车。线上到线下这种商业模式的出现,让拼车变得更加容易。有很多关于拼车的网站,你只要在网上找到和你拼车的人,然后一起出行就可以了,一切都非常简单。在移动互联网出现以前,要找拼车的人需要从身边搜寻,但现在只要你拿出手机,随时都可以办到。

线上到线下的商业模式在给我们的生活创造了更多便利的同时,也给商家带来了更广阔的商机。以前很难解决的问题,现在只需要动动手指,就可以在网上轻松解决,所以没有商机的地方也将出现商机。

线上到线下的商业模式,将移动互联网和每个人紧密结合起来,让商家和消费者直接对话,商家将有更多的机会打动消费者,让他们在线上心动、在线下买单。

线下→线上商业模式的运用

在移动互联网时代,电商要做的是从线上到线下,而传统的企业则需要从线下到线上的商业模式。

传统企业都是在线下做服务的,移动互联网的出现,让传统企业都感到非常惶恐,因为以前很少接触互联网,所以不知道接下来的路该怎么走。传统企业也必须移动互联网化,这是毋庸置疑的,在移动互联网时代,如果不这样做,结果只有死路一条。传统企业的线下功夫一般都比较扎实,关键是把线下做到线上。

从线下到线上,航空企业做得比较出色。很多航空公司都拥有自己的电子商务平台,人们可以在网上订购飞机票,只要到时候去机场换取就行了。保险行业做得也挺好的,把线下的很多服务都转移到线上去,让人们投保变得更加方便。

购买飞机票和保险业从线下转到线上,是传统行业与移动互联网结合的典型例子。线下虽然能够给消费者提供更加细致的消费体验,但其中的过程通常非常复杂,让人不胜其烦,把线下的东西转到线上,就解决了这个问题,将无用的中间环节省去,让消费变得简单起来。

传统企业在线下做得比较好,已经形成了自己的一套完整体系,但把服务转到线上,就会遇到很多技术上的问题。传统的平台毕竟不同于网络平台,所以必须要事先做好心理准备。不过,有些企业从线下到线上都做得容易,比如苏宁、银泰。

苏宁和银泰是销售商,因为它们都已经发展了很多年了,所以都建立了属于自己的经营方式。在线下向线上转化的时候,它们不需要做太多的事情,只要找一些电商方面的人才,然后造好平台,就可以了。因为有线下多年的店面,它们很容易便可以建立起线下线上为一体的服务方式,这比很多先做电商的人要占优势。

移动互联网把线上和线下结合了起来,很多企业都需要电商人才,这就导致电商人才的缺乏。因此,企业要从线下到线上,一定要留住好的电商人才,防止他们被别的企业挖走。

传统企业因为已经运行了很多年,得到了不少消费者的认可,实体店的存在也让人们对它有更多的信任,所以,传统企业可以把网络当成一个平台,到线上推广自己的产品,这样就可以将线下的体验和线上的销售结合起来,取得更好的效果,吸引更多的顾客。线下通过线上来宣传,线上通过线下来增强体验,这就形成了一个既有虚拟又有现实的移动互联网时代的特色商城。

不仅是商品从线下转到线上,其实很多服务都是可以到线上去做的。

如果在纽约当一个出租车司机,根本没有什么门槛,谁都可以做。不过,在那里,拦车可能不是一件容易的事,尤其是到了一个陌生的地方,你根本不知道那里的司机喜欢载什么样的人,说不定他们根本不理你。但是有了移动互联网之后,这一切就变得非常容易了。想要找出租车,只要在相应的网站上寻找就可以了。有些网站甚至提供了租车服务,只要你愿意,可以直接租用一辆车,时间或长或短,全看你的需要。

正如出租车服务一样,实际上很多的服务都可以到线上去做。把线下的东西放到线上以后,将会打开一个更为广阔的市场空间。

移动互联网方便了人们的生活,但是人们对服务的需求却是无止境的,也就是说,传统行业由线下转移到线上,拥有巨大的商业空间。人们对生活服务类的消费需求是很高的,而且永远都不会枯竭,这比商品的买卖要持久得多。

不管什么行业,从线下到线上都是一个非常有用的商业模式,线下就相当于闭门造车,转移到线上则是和世界联通。通过上线来取得发展,是移动互联网时代任何企业都不得不做的事情。

线下→线上→线下商业模式的运用

O2O 如果只是从线上到线下或者从线下到线上，都有可能会出现问题，应该将它打造成一个完整的闭环，从线下到线上再到线下，这样就稳定多了。

世界上有无数的球迷，不过只有一小部分人能够到球场上观看比赛。当媒体还不发达的时候，人们会聚在一起谈论足球；到了互联网时代，球迷们可以在网上发表自己的观点和看法，网络把拥有相同爱好的人集中到一起；而在移动互联网时代，球迷们可以做的事情是不是更多呢？

Nike 将线下到线上再到线下的模式和球迷们的需求结合起来，很快就想出了满足球迷们的方法，那就是建立一个平台。Nike 通过建立平台，把球迷们的观点发送到比赛现场去，于是人们就可以在比赛现场的大屏幕上看到自己的评论了。

为了让人们知道自己的评论，在 Facebook 上也有和比赛现场同步的滚动条，上面的信息每 15 秒更换一次，让人们知道自己的评论在比赛现场出现了。和"微博上墙"不同的是，这次 Nike 将球迷们的言论放到比赛场地上,其规模要大得多。无数的人都在关注着这件事,他们把自己的评论发送给 Nike,状态近乎疯狂。

与这件事相似的情况也在以前出现过,那就是"环法自行车赛"上,Nike 给一个在癌症中获得康复的自行车赛职业车手做过广告。在此过程中,人们可以通过手机、微博、在线广告等各种方式将自己的话发送给 Nike,然后这些话将被设立在环法自行车赛的路程上。人们非常热情,这一次 Nike 收到了大约 10 万条信息,然后精心挑选了 3600 条,让它们分别显示在 13 个赛段上。

在任何大型的体育比赛上,人们都希望自己的观点能够被别人知道,所以不管是几个好友在一起,还是到互联网上,人们都会发表评论。将评论和移动互联网结合起来,让信息由线下到线上再到线下,既能满足人们的需求,又可以创造商业价值。

当网络十分发达的时候,人们更容易将自己的注意力转移到网上,因为网络化的东西更容易吸引人们的眼球。但是,有很多东西是网络替代不了的,真实的世界能够给人们带来更加丰富的体验感。因此,从线下到线上之后再回到线下,是一个非常好的闭环,能够吸引到更多的人。

不仅体育比赛上可以使用这种闭环,其他的企业也可以应用,深圳的天虹商场向便利店发展,就是从线下到线上再回到线下的一个 O2O 闭环。

当百货行业都不景气的时候,向便利店方向转移也许是个不错的选择。深圳天虹商场开出的"微喔"就是一家便利店。现在的商店不再追求那种高大全的状态,"小而美"反而是很受年轻人欢迎的,可以吸引很多 80 后、90 后的消费者。

天虹的"微喔"便利店中有免费的 wifi 网络,顾客在这里除了可以现场选购,还可以通过店里面设置的电子屏幕以及 iPad,在网上预购,到时候再在线下接收就可以了,实现了线下到线上再到线下的模式。因为将店铺和移动互联网联系起来,人们可以在一家店里"逛遍"所有的天虹商场,十分方便。

不仅能购物,"微喔"还提供餐厅式的休闲区域,顾客可以在这里休息,吃一些美味的食物。这种集购物、休闲于一体的方式,让消费者的体验感非常好。

正如"微喔"所做的这样,由线下到线上再回归线下,是增强消费者体验感的一种非常好的方式。人们在网上得到的是方便和自由,要想体验细致的服务,线下则非常有优势。

移动互联网让人们不受时间和地域的限制,很多原本不能参与的事情,现在只要拿出手机、动动手指就可以参与进来。但和线下相比,线上还是太虚了,要想让消费者体验到更为真实的服务,就应该在线下到线上之后再回归线下。

第七章
用 O2O 营销模式改造传统营销

移动互联网改变的东西除了思维和商业模式之外,还有营销方法。传统的营销策略在移动互联网时代已经落伍了,移动互联网让营销无孔不入地进入人们生活的方方面面,而且变得更为有效。移动互联网时代的营销不一定是铺天盖地的广告,它以打动消费者的内心为目标,让消费者真正喜欢上产品本身,而不是被铺天盖地的广告狂轰滥炸。

互联网思维营销

　　移动互联网到来的这几年,有不少刚刚创业的公司迅速蹿红,在短时间内取得巨大成功的案例。它们之所以能够成功,就是因为懂得利用互联网思维进行营销,让自己的产品被更多的人接受和认可。

　　当某个新兴企业进入人们的视野时,人们就对它产生浓厚的兴趣,不过非常遗憾,这种突如其来的兴趣不会持续太长的时间,人们很快就又失去兴趣了。当然兴趣是否持久并不重要,关键是有没有看到它所体现出来的互联网思维。一个小企业或品牌可以迅速被人们知晓,一定是因为它有过人之处,而且在宣传的时候利用了互联网思维进行营销。

　　徐佳是新浪微博 PHP 程序员,在新浪工作听起来不错,但是做这份工作却并不容易。和所有的程序员一样,徐佳的工作也很辛苦,经常会和同事一起加班到半夜。徐佳不想再这样做下去了,决定跟随移动互联网时代的跨界潮流,转行做别的。于是,在 2013 年,他不再做 IT 工作,而是自己开了一个水果店。

　　虽然不再做程序员了,但一个从事过互联网职业的人,在卖水果的时候,思维也是极为活跃的。徐佳到大樱桃的原产地,把最好的大樱桃采购下来,然后通过淘宝以及团购网站,把新鲜的水果卖给消费者。在这个过程中,从采摘到最后的货物配送,各个环节都做得非常用心,确保消费者能吃到最好吃的水果。

因为长期从事互联网工作,对 O2O 的互联网思维也有很多理解,把它运用到营销当中,在网上卖水果,徐佳取得了非常好的销售业绩。

用移动互联网思维营销,就要像徐佳那样,利用好移动互联网这个渠道,让自己的产品被更多的人发现。通过移动互联网,消费者可以直接和企业取得联系,不受地域的限制,让购物简单方便。

不过,互联网思维营销并不是随便怎么做都行的,得有相应的条件才可以。第一个就是要看产品是不是足够优秀。假如你的东西不能被人们认可,即便营销手段很到位,也很难流行起来。在移动互联网时代,人们对产品的要求是很苛刻的,有些东西看似流行得毫无理由,但它本身的质量却是过硬的,这是它流行的硬件要求。

产品的质量过了关,能够满足人们的需求,可以被大多数人接受,接下来就要包装它。移动互联网时代的信息太多了,如果没有足够的吸引力,人们根本不会注意到你的产品。互联网思维营销,一定要有新意,最好是有一个噱头,能让人一看见就想了解。

马佳佳开情趣用品店,为什么能够迅速大火?就是因为情趣用品一直是人们羞于提到的东西,而马佳佳这个女孩不但卖情趣用品,还大张旗鼓地包装一番,这就让人很好奇,想看看究竟是怎么回事。情趣用品能这么"明目张胆"地卖,而且还是一个年轻的女孩子,这些元素都让这则消息很有新闻价值,于是便在网上迅速流传,马佳佳情趣用品店也就火起来了。

和马佳佳类似的还有一个大象安全套,当"90后少女卖情趣用品"这个话题还没有被人们遗忘的时候,90后少年又开始卖安全套了,而且头上还挂着一个"小米模式"的标签。大象安全套只在线上销售,所以它的门槛很低,有很多消费者,这也是互联网思维营销中非常典型的一种。得"屌丝"者得天下的移动互联网时代,门槛低就能赢得更多的粉丝用户。

有自己的独特之处,才可以在移动互联网这个产品众多、竞争对手层出不穷的时代凸显出来,才能被消费者注意到。移动互联网时代的技术和信息都不再是秘密,当所有的产品都有差不多的属性时,消费者自己都会产生选择困难的感觉,企业该如何抓住消费者呢?只有差异化。

在移动互联网时代,仅仅把产品做好还不够,最关键的就是让自己和其他企业区别开,让消费者爱上自己的产品,因为这款产品的独特而欲罢不能。营销的关键不是企业一定要销售这件产品,而是消费者特别需要这件产品,市场上没有东西可以替代它。

正如小米搞饥饿营销可以成功一样,移动互联网时代的营销模式并不是固定的,只要能够抓住消费者的心理,让他们爱上你的产品,只愿意为你的产品买单,而不会选择其他的同类产品,你的营销就成功了。

用好微信建立移动 O2O 营销

在微信大火的今天，利用微信进行移动 O2O 营销已经不新鲜了，不管是传统企业还是移动互联网企业，都应该学会并使用这种方法。

使用微信营销，不会受到距离方面的因素制约，只要注册了微信账号，就可以和微信上的好友时刻保持联系。微信用户可以订阅自己想要知道的信息，而商家则利用微信的这一功能，给用户提供自己的有效信息，不断宣传和推广自己的相关业务与产品。有了微信，商家和用户之间将直接联系，不需要经过电商平台。

微信营销的范围十分广泛，包括微酒店、微婚庆、微餐饮、微电商、微汽车、微房产、微外卖等很多行业。自从腾讯推出微信以来，微信的服务内容逐渐增多，在它变得越来越强大的同时，微信营销也有了更多的发展机会。

因为微信能够实现点对点的交流互动，让商家和用户成为朋友，所以它在移动互联网时代是非常具有优势的，这也使微信营销能够成为微博之后的另一种重要营销渠道。微博虽然在传播信息的速度上有很大的优势，但在移动 O2O 营销上，显然比不上微信。微信凭借其个性化和更深层次满足人们需求的特点,比微博更适合进行营销活动。微信上的很多功能也让其在营销的过程中变成更为有用的工具。

随着微信用户越来越多,很多商家都从中看到了潜在的巨大商机,都试着用微信来宣传自己的产品,搞微信营销活动。漂流瓶这个功能是被很多商家看重的一个微信功能。原本漂流瓶是腾讯QQ邮箱里面的一个功能,因为可以和未知的人交流,所以被很多人喜欢。现在它被移植到微信上,顿时变成一个营销的好工具,因为使用漂流瓶宣传商品的信息是一个不错的选择。

微信的漂流瓶并没有太大的变化,用户可以往海里扔瓶子,也可以在海里捡瓶子,瓶子里面装的都是信息。在扔瓶子的时候,用户可以写上文字或者录上语音,然后将瓶子扔到海里。捡瓶子可以捡到海上的瓶子,看到里面的信息或听到其中的录音。每位用户每天捡瓶子的数量是有限制的,这就更使人们产生捡瓶子的兴趣了。商家通过漂流瓶把自己的产品广告扔到海里,让更多人看到、听到,取得的效果非常不错。

微信的很多功能都适合营销,除了漂流瓶之外,非常火爆的二维码扫描更是不得不说的一件事。二维码真的很神奇,只要简单一扫,就能做到很多事情。它的方便快捷吸引了很多人,也让商家的广告入口变得更加简单。

微信公众平台对企业来说是非常好的宣传平台,通过它,企业可以和很多用户产生联系,而公众平台的认证,也让用户在接受信息的时候感到更加放心。这虽然看起来有点像微博,但和微博相比却有所不同,因为微信是一种单纯的沟通交流工具,别人不会看到商家和用户的对话。微信是私密的,所以商家能够和用户建立更加直接的亲密联系,这也符合消费者在移动互联网时代的个性化要求。所以,使用微信做营销是移动 O2O 营销的绝佳选择。

利用微信进行营销有很多好处,而且注册和使用微信的方法非常简单,这也是为什么微信一下子就能有那么多用户的原因。

如果你有 QQ 账号,不需要注册,可以直接使用 QQ 账号登录微信;假如从来没有使用过 QQ,也可以使用手机号进行注册,过程非常简单,只要按照提示操作就可以了。登录的时候也非常简单,在网页上登录或者使用手机登录都可以,完全看个人的喜好。使用微信添加朋友也特别简单,可以通过 QQ 号码、手机号码或者微信号查找好友,也可以通过扫描二维码加好友,还可以通过查找附近的人加好友,或者使用摇一摇。如果在微信上遇到骚扰,可以直接将其拉入黑名单,过程也很简单。除此之外,微信的视频、传图、免打扰等各项功能都很简单,操作起来非常容易。

微信集各种简单实用的功能于一身,是一个非常强大的社交和营销工具,因此受到众多企业的青睐。不过需要注意的是,不要觉得使用了微信进行 O2O 营销就一定可以让企业的销售业绩增长。毕竟营销只是一种手段,最关键的还是要看商家的产品好坏以及信誉如何。

用好微信建立移动 O2O 营销,是移动互联网时代的大势所趋,不过也应该注意到,有些企业利用微信发送一些让人提不起兴趣的信息,最终也是招人反感的。尽管微信 O2O 营销很强大,但企业只有时刻想着消费者的感受,以他们良好的体验感为出发点,才能真正利用好这个营销工具,取得理想的营销效果。

O2O 移动互联的社会化营销

在移动互联网时代,传统的营销手段已经很难起作用了,利用 O2O 进行移动互联的社会化营销,让所有的消费者都成为宣传你产品的一分子,这样的营销绝对会非常成功。

在做社会化营销之前,企业首先要了解自己的产品定位,知道产品是生产给哪些消费者的,这些消费者有什么样的特点。明白了自身和消费者的特点之后,借助 O2O,用移动互联网让产品的宣传深入人心。

什么样的产品广告才可以被更多人注意到并记住,然后这些人还可以主动成为你产品的宣传者,不需要花费企业一分钱呢?关键在于广告的内容。产品质量有保障,这是前提条件,而广告是不是新颖,能否打动人,则是社会化营销的关键。

移动互联网时代,人们接触的信息太多了,广告一定要有创意,拥有自己的特色,并且符合大众的审美观,才可以让人们主动帮助宣传。

2013 年夏天,可口可乐在中国推出了昵称瓶,这些昵称的瓶子上写着:"分享这瓶可口可乐,与你的_____。"瓶子上的昵称有很多,包括高富帅、白富美、文艺青年、小萝莉、天然呆、邻家女孩等各种网络流行的称呼。

因为喝可口可乐的大多数都是年轻人，对这种活泼可爱又新奇的包装非常喜爱，所以很多人都开始寻找属于自己的那一瓶可口可乐，并且还给自己的恋人、朋友购买。

可口可乐明白自己的消费者是哪些人群，用网上流行的词语来宣传自己的产品，最后让年轻人主动向自己周围的人推荐它，这就是非常成功的社会化营销例子。

企业自己进行的宣传总是有限的，还需要花费大量的广告费，而且起到的作用也不见得有多么明显。尤其是在信息传播速度飞快的移动互联网时代，广告能不能被消费者留意还不一定呢，收到的效果如何，就更不敢确定了。利用消费者进行社会化营销就不一样了，它不需要花费企业的广告经费，不但免费得到宣传者，而且因为是熟人之间的传播，效果还会非常好。

2013 年突然爆红的明星亲子真人秀节目《爸爸去哪儿》，直到现在依然受到很大的关注，能够取得这么大的成功，就是因为它的口碑非常好。有了口碑，大家互相宣传，看的人自然就越来越多，这就是社会化营销的力量。

《爸爸去哪儿》在播出之前基本上没有人知道，不像别的娱乐节目那样大肆宣传，但是等它的第一集播完之后，网上的讨论量却疯狂增长，很多人自发地到网上进行宣传，说这个节目非常好。人们见到这个宣传，然后在网上看了视频，发现确实非常好，就成了《爸爸去哪儿》的粉丝。就这样,一传十、十传百,《爸爸去哪儿》的粉丝越来越多。

虽然《爸爸去哪儿》里面的明星也不少,但林志颖和田亮等人并不能成为它火起来的主要因素,最关键的还是《爸爸去哪儿》轻松搞笑的内容以及萌娃们的表现,为其赢得了良好的口碑。

在移动互联网时代,信息的传播速度非常快,如果某个产品能够赢得消费者的喜爱,就会像《爸爸去哪儿》这个节目一样,即便自己不宣传,大家也会帮忙宣传,然后很快火起来的。

O2O 移动互联的社会化营销是这个时代最省钱省力的营销,而效果又出奇地好。能够让用户主动帮助企业进行宣传,这就需要企业用心把产品做好。小米因为给用户提供价格低廉、性价比高的手机,所以迅速赢得了一大批忠实的粉丝。小米的成功,是粉丝的成功,也是移动互联社会化营销的成功。

酒香也怕巷子深,但是如果真的是好酒,在移动互联网时代,用户的宣传也足以让企业赚到钱。电影《绣春刀》上映的时候没有太多的宣传,因此票房不是很好,但因为内容好,所以受到观影者的一致好评。尽管到最后它的票房还是很不理想,但是在观众的好评之后,票房却有了很大的增长,这也是社会化营销的力量。

移动互联网时代的营销多种多样,社会化营销无疑是非常适应当下的一种营销手段。企业自己的营销力量再大,和整个社会比起来也是微弱的,如果能调动消费者的积极性,使用社会化营销,效果绝对非同凡响。

大数据时代的小数据营销

　　除了 O2O 以外,现在还有一个词变得非常火爆,它就是"大数据"。大数据在很多地方被人们提到,关于它的应用也越来越多,但是人们对它的争论却从来都没有停过。人们之所以争论不休,主要是因为大数据的前景美好,但利用起来却并不容易。

　　大数据虽然听起来很不错,但企业要做营销的话,还是使用小数据营销比较好,也就是说,在大数据时代要进行小数据营销。

　　大数据不是那么好使用的,它得有非常强大的机器来记录这些数据,然后找到有丰富经验的相关专家,将这些数据转化成有用的东西。在此做法当中,怎样把资源进行合理分配,怎样把信息科学地跨越学科及部门表现出来,都是难题。好不容易从大数据里分析出内容来以后,该怎样利用这些内容,也是一个问题。

　　大数据应用起来不容易,那应该怎么样解决这个难题呢?答案就是利用小数据。大的不行,就先从小的入手。

　　小数据对市场营销有什么意义呢?小数据的数据量比较小,但都是相关方面的信息,比较关键,所以价值并不小。对市场营销来说,小数据的数据虽然不多,但都可以分析利用,实用性一点也不差。

小数据因为量小,收集起来就比较容易,效率很高,给企业带来的价值更大。在营销方面,小数据是范围确定的一个数据的集合,因为有了限定,数据少,处理起来就比较容易。这些数据可能是只针对一些客户群,也可能是为了改善一些服务上的细节而收集的。数据的采集方向比较好确定,在收集的过程中就更加细腻,得出的结果会特别精细,能看出更多的内容。由于这些数据离我们很近,我们随时可以看见它们,收集起来并不困难。

一般来说,如果一个品牌利用小数据改善自己的营销方法,这种营销会更具有人性化,这在移动互联网时代是极为重要的。越是人性化的营销,就越容易被人们接受。小数据在采集过程中有了范围的限定,相当于目标人群已经确定了,所以得到的数据将更有特点,那么改进之后的营销方案也就更能满足这些人的心理,这就是它更人性化的原因所在。

当大数据大行其道的时候,实际上也一定要重视移动互联网时代的小数据。小而美的东西虽然让人觉得似乎不够大气,但绝对能够符合一部分人的审美,这就可以打开市场了。现在的产品不在于做得有多么全面,而是要在一个点上做精细,这样才能有出路,营销也是如此。营销如果能真正抓住一小部分人的心理,就是成功的,有了忠实的粉丝,接下来的发展就会容易得多。

大数据使移动互联网时代的营销发生了改变,但是小数据因为它的易于着手,也改变着营销方法。小数据不像大数据那样让人感到难以捉摸,而是将消费者和企业联系到一起,看得见、摸得着,所以应该用它来改善你的营销。

　　有一家生产饮料的公司,希望自己的饮料能够在餐厅、酒吧、KTV 等地方的销量有所增加。一直以来,这家公司都是从一家机构那里得到销售数据的,这些数据是从将近 10 万个销售点里采集而来。但是,因为这些数据主要是为了一些大客户而收集的,对于细化的市场服务,就不能给这家公司提供指导性的东西了。所以,这个公司想提高餐厅及娱乐场所的饮料销量,却无法从中找到好的突破口。

　　后来,这个公司对餐厅、酒吧等地方的饮料销售情况进行了调查,把小数据收集起来,找到了这个市场的特点,并对市场进行细致的划分,最终找到了提高销量的方法与策略。公司根据不同产品在不同地方的销量情况,调整了定价以及相应的组合,销量和利润都有了提升。

　　例子中的公司一开始虽然有大数据,但是对细化的市场却并不实用,而调查了小数据以后,就能通过分析将问题解决了。

　　小数据营销使用起来并不困难,它就是用来将企业和消费者联系到一起的。消费者实际上是很愿意把自己购买产品或者享受服务后的体验感说出来的,因为和企业交流互动不但是一种乐趣,而且还可能帮助企业进行改进,提高自己今后的消费体验。企业需要的就是这些人的想法和感觉,小数据便是联系起消费者和企业的那些调查数据。

　　因为小数据是从消费者那里得来的,所以它们能真实反映消费者的一些需求和潜在的消费可能性。企业在收集用户信息的时候,会使他们觉得自己是被重视的,企业也是愿意改善他们的产品和服务的,这样一来,企业在消费者心中的形象也会变得更好。

小数据的数据虽然小，但作用却一点也不小，它能够真实地反映一部分消费者的需求，帮助企业改善自己的服务。在移动互联网的大数据时代，企业应该根据自己的实际情况，用小数据营销来使自己的销售变得更加深入消费者的内心，这样才能赢得更多用户的认可。

用互联网营销优化消费者体验

在以前传统消费的时代,消费者的体验是在商店里购买商品的时候才会发生的,然而在移动互联网的今天,消费者的很多观念都已经变了,体验感也随时随地都有可能产生。

人们的注意力随着移动互联网的到来也发生了微妙的变化,从以前单个渠道变成了很多渠道混合,不管是生活中的哪个方面,都有可能会产生体验感。

当你坐地铁的时候,可能会看到地铁上贴着的二维码,于是就有了相应的广告体验;和朋友闲聊的时候,说某件衣服很漂亮,朋友可能立即就将买这件衣服的网址发到你的手机上,于是就有了消费体验;到外地旅游,坐车的时候闲得无聊,随手翻开一本杂志,然后按照上面的网址找到杂志的主页,说不定就会订购这本杂志,这也是购物体验。

现在的购物体验是无处不在的,我们的生活中时刻都会出现这种体验。所以,O2O要发展,就打通线上线下的连接,让消费者随时都可以找到购买商品的地址。以前的消费需要消费者去实体店,现在则没有那么麻烦,无论消费者在什么地方知道了这件产品,都可以在网上进行购买。因此,商家要时刻注意把商品的购买网址信息摆到明显的位置,方便消费者找到,比如商品的包装上,以及利用各种广告牌上的二维码等。

如今,消费者可以在移动互联网上、媒体广告上、朋友的口中、周围人的言谈中以及日常的见闻中得到有关商品的信息,所以企业要将线上与线下的资源整合起来,给消费者一个全方位的立体体验感。

现在的人们,尤其是年轻人,经常会用手机上网,所以不管在街头还是在公交上、地铁上、商店里,我们经常可以看到很多人在低头看手机。因此,实体店里的消费者体验,除了传统消费的时候就应该注意的物品摆放、导购人员的服务态度等,还有一条非常重要的就是 wifi 的设置。

消费者一定更愿意到有 wifi 的地方去消费,因为他们可以顺便上网,在逛累了的时候可以浏览网页。如果可以的话,最好在商店里设置一些可以休息的区域,这会让消费者的体验感更好。现在人们购买一个品牌的东西,不仅是因为它的质量好,还和心理上的认同有关。就像米粉们购买小米手机,有时候可能只是为了小米这个牌子,而不考虑它的实际性价比,即便华为、中兴或者其他牌子的手机性能和小米差不多,他们依旧会选择购买小米手机,这就是认同感。当消费者在商店里购物,还可以休闲聊天,甚至是吃点东西、喝点饮料,这份贴心的服务肯定可以让他们产生感情,购物也就是情理之中的事了。

以前的销售行业,最关注的东西就是自己的产品,最多也就是导购在介绍商品的时候卖力一点。但在移动互联网时代却不同了,人们可以在网上购物,所以他们有无数种选择。即便是真的看中了店里的产品,他们也可以选择不在店里买,去网购。在这种情况下,商家一定要关注消费者的感受,明白消费者体验才是最重要的。只有明白了消费者要的是什么,让他们感到满足了,他们才会立即买单,所以,提供最好的体验,才是最好的营销策略。

明白消费者的体验有多么重要,专注提高他们的体验感,这当然是非常好的。但是,不管对消费者体验作出多少努力,他们的体验感也不可能达到完美,只能是比较好。不过也不用太过担心,体验感的目标虽然是极致,但只要逐渐提高体验感,让消费者觉得越来越享受购物的过程就可以了。毕竟在移动互联网时代,一切的变化都很快,能够不断提升消费者的体验感就够了。

在这个以消费者为主体的移动互联网时代,每个人都是独特的,每个人的感受也都非常重要。因此,增强消费者的体验,要从细节和点滴做起。了解不同类型的消费者的爱好与习惯,根据不同的人群选择不同的营销手段,才能让消费者拥有更好的体验感。

第八章
移动互联网思维在各行各业的应用

从移动互联网思维被提出来的那一刻起，O2O就已经备受关注了。有人把O2O当成一种噱头，并不相信它能给商家带来什么实际的利润，也不相信它能改变我们的生活。但是，事实证明，O2O确实很强大，它是发展的大势所趋，是时代的潮流，根本挡不住。无论是哪个行业，都能够在O2O上发展，就看你有没有将这种可能挖掘出来。

精工出细活：美味手抓饼如何
卖出一年 250 万元的销售额

精工出细活，在移动互联网时代，虽然快速是时代的需要，但慢速也同样是非常重要的。正如小米的雷军所提倡的那样：专注，少就是多。只有把产品做成精品，才会有市场，才能有品牌效应，拥有越来越多的粉丝。

以前，一件产品如果卖得好，就会形成品牌效应，人们争相购买，唯恐抢不到。就算是买这件产品需要花费更多的时间与精力，他们也不会去买别的产品，相反，越是抢，买的时候越是艰难，他们就越买得起劲。

在移动互联网时代，信息的传播途径更多，传播速度更快，人们看似比以前聪明了，也精明了，但是随大溜的从众心理依然存在。如果一件产品能让人们产生从众式的购买心理，那这件产品一定是好的，只有质量好的产品才会引发人们争相抢购的情况，这其实就是品牌效应。

移动互联网时代虽然要求速度快，但同样要求质量好。实际上，这是一个比任何时候都更注重质量的时代，只有质量好，形成品牌效应，产品才能卖得好。人们在网上购物，最看重的就是质量保障，如果有一个好的品牌，有很多好评，人们购买时就会很放心。若是没有品牌，没有买家的好评和认可，人们就不能放心购买。

移动互联网这种精工出细活的思维，在各行各业都是适用的。小米、魅族、华为等厂家将它用在手机上，生产出万人哄抢的手机；黄太吉煎饼、海底捞等商家将它用在传统行业上，让自己一下子成了众人关注的焦点。

正是因为遵循精工出细活的原则，90后大学生禹化普硬是把手抓饼这种极为普通的食品，卖出了一年250万元的好业绩。

90后的禹化普在大三的时候就已经开始了自己的创业之路，成为一家手抓饼店的老板。在两年的时间里，他就把自己的连锁店开遍了大学城。在两年的时间当中，禹化普有了4家直营店、8家加盟店以及1个加工厂，年销售额高达250万元人民币。

在禹化普北城天街的小吃店门外，经常会有不少人排队等着买他的手抓饼。这里的手抓饼与众不同，和我们平时所见的烙饼有很大的区别，它里面有很多层，面丝一条条紧密相连，外观上呈金黄色，里面却是柔软白嫩，让人一看就食欲大涨。在制作的时候，禹化普的手法非常熟练，从放面团、煎鸡蛋到调配作料……一切都进行得有条不紊，过几分钟之后，香气扑鼻、色品极佳的手抓饼就可以交到顾客的手上了。

据禹化普说，他的一家手抓饼店，每天差不多可以卖出400张饼。一般情况下，店外面都会有很多人排队，但是这并不影响人们购买的热情，反而更能够激发人们的购买欲望。正是因为产品好，买的人才多，人们也愿意在那里等着。有不少商家看见购买的人多，产品供不应求，就会加快生产速度。但是产能摆在那里，不可能一下子提高，加快了速度之后，质量肯定就跟不上了，于是就出现了低质量的问题。假如质量不过关,很快就会被人们厌弃。

当谈到为什么门口有那么多人排队的时候,禹化普说:"这五六个客人其实就是活的招牌。顾客本来可能不知道我们,但看着这人气,就会吸引他们过来尝鲜。"他认为,一个小吃店,一定要有足够旺盛的人气,才能够把生意做得红红火火。实际上在以前,禹化普也犯过很多店都犯过的错误,就是追求速度。在那个时候,人多的时候,就每次出 6 个饼,但是很快就发现,这种方式并不能得到顾客们的认可。

于是,为了学到更多经营店铺的经验,禹化普特地到成都的小吃街进行了一番考察,发现那里的小吃店老板从来都不着急,就算是有再多的顾客,他们也是不紧不慢地工作。本以为这样会使顾客失去耐心,损失很多顾客,但实际情况却恰好相反,顾客不但没有因为小店的出货速度慢而减少,反而因为被他人吸引,逐渐在小店外面排起了更长的队伍。

这让禹化普受益良多,他终于明白,顾客们不会因为速度的快慢而选择一家店,唯一能够让他们感兴趣的就是产品的质量。如果因为排队的人多,就不要质量而只求速度,那只会逐渐失去顾客们对店铺的信任。相反,假如始终如一地按照原有的速度生产,顾客们都会有耐心去等待,而且表现出来的人气会吸引更多的人。

于是,禹化普回到自己的店以后,要求师傅们每次只做 2 个饼,有时候甚至是只做 1 个。慢工出细活的方式不但没有使顾客减少,反而因为他们的手抓饼质量始终如一,口感风味独特,吸引了越来越多的人。尽管出货的速度较慢,但每天还是能卖 400 个饼。

靠着精工出细活的方式,禹化普打造出了自己的品牌。但是在互联网思维的影响下,禹化普并不满足于现状,他要不断地发展,只有发展下去，才不会被时代的潮流甩在后面。

他的北城店开张，尽管租金有点贵，却形成了一个品牌效应，基本上一个月能卖出 1.5 万张饼。在这么高的人气之下，禹化普又找了 3 个新的加盟商。根据他从之前的 5 个加盟商那里得来的经验，禹化普认为，只要有 4 个月的时间就可以实现盈利了。

他每个店收的加盟费是 1 万元，店面不大，只要有 3～10 平方米就够用了，租金一般都在 3000 元上下。这样算下来，除掉水电费、房租以及原料、人工的费用，即便是每个店一个月只卖出 300 张饼，纯利润也能够达到 8000 元。

本来禹化普打算用连锁直营模式来开店，但是很快他就有了新的主意，他要把自己的品牌打造好，只有品牌效应形成了，吸引了足够的加盟商，才能真正在市场上站住脚，在移动互联网时代市场细分的领域当中找到一席之地。

"每卖一个面团给加盟商，他们赚 8 毛，我们只赚 5 毛，薄利多销。"这就是禹化普的策略。如果以 10 个月算，5 家加盟店每天购买的面团不少于 2500 个，所以每年只靠卖面团，营业额就可以达到 100 万元。

不管有多少连锁店，禹化普一直坚持他"精工出细活"的理念。也正因为如此，很多人都认准了他这个品牌，购买的时候一点也不担心会上当受骗。禹化普说："大学城 8 所院校差不多 15 万人，70％都吃过我们的手抓饼。"

在移动互联网时代，东西不在于多而在于精，不管是做什么，一定要记住，要做精品，少就是多。保持质量，即便是再小众，也能够逐渐受到大众喜爱，但如果质量坚持不住，即便是一开始销量再大，也会逐渐被人们抛弃。

家装 O2O：未来市场在三四线城市

在移动互联网时代，基本上每个人都明白，要用最低的成本，快速赢得大量的用户，然后用服务或者是产品本身来维持黏性，把用户留下来，接着才能寻找一个合适的商业模式进行货币化。尽管也有商家把这些同步起来做，但最重要的显然还是入口，有了入口，有了用户，一切都好说，没有用户，所有的想法都无法实现。

入口的本质是什么？就是获得流量，并且把这些流量转化成实实在在的钱。家装在移动互联网时代前途广阔，我们即便是仅凭想象，也能想到 4 万亿元的家居建材市场规模将会产生多么大的用户流量。O2O 的火爆程度超过任何人的想象，它可不是空口白话说出来的东西，它的入口渠道正在飞速发展当中，而 ARPU 以及付费用户能够让它拥有强大的流量变现能力。

我们看看传统的家装行业是怎样的格局吧。它们分散在市场的各个角落，人们根本不可能把它们全部集中起来，而且消费情况也不是透明的，无法进行比较。在这样的前提下，人们消费的频率很低，顾客根本不懂相关专业的知识，无法分辨好坏。可能你会觉得消费者什么都不懂，那不是很好糊弄吗？如果有这样的想法，那就大错特错了。

消费者相关的知识缺乏,在前一两次购物时可能会吃些亏,但是商家就能捞到好处吗?并不能。因为消费者不能分辨好坏,商家的努力也就不能收到明显的效果,同时,消费者们的体验感不强,这就使整个行业萎靡不振。

当传统的家装行业迎来了 O2O 时,前景是非常好的,而且这个行业注定了在被移动互联网改造时并不困难。对于这一点,我们根本不需要怀疑,从家装 e 站、我要装修网、有住百变加等网站的迅速发展壮大,就可以看出家装 O2O 的前景有多么广阔。

既然要把传统的家装向 O2O 方面发展,就得知道在这个过程中会遇到哪些问题、应该注意什么。下面我们就来分析一下。

首先要重度垂直,精准人群。这个"重度垂直"的观点是《创业家》杂志社社长牛文文最早提及的,它的意思就是说,O2O 最关键的点是对人群进行细致的划分,然后让这些人的消费体验达到极致。这么做的好处不言而喻,尽管用户不多,但这些用户将会成为铁杆粉丝,不会轻易流失。在以前的互联网时代,企业都是靠免费来吸引用户,只要把一件免费的产品做好了,就像是海绵吸水一样,把所有的人都吸引了过去,而这些人当中,数量最多的就是什么都不懂的"小白"。所以,在互联网时代,一个企业赢了,就很可能在行业内形成垄断。于是,我们现在看到腾讯、百度等企业诸侯割据。

但是,移动互联网时代不同了,很多行业基本上已经定型,前有大企业,后又有无数如雨后春笋般冒出来的小企业,竞争残酷而激烈。想通过一件产品大量获得用户,是不太可能实现的,最稳妥的办法就是先从小众做起。我们不要海量,只要自己的质量好,有一部分用户,就能生存下去,先解决了生存的问题,以后能有怎样的发展,就事在人为了。

做家装 O2O，就得知道自己的消费者一般都有什么样的习惯和喜好，把这些用户的体验做到极致。服务好了这些最初的用户，也就积累了经验，接下来只要保证服务的质量不变，就能着手不断扩大规模了。

在移动互联网时代，用户体验变得比任何时候都更加重要，所以做家装 O2O，一定要把服务放在首要的位置上。只有用户们有了好的体验感，企业才能在心里找到踏实的感觉。

看看我国的电商是怎么发展过来的，又都重视些什么，相信你就能学到很多东西。

电商刚开始的时候是卖一些价格便宜的东西，什么呢？图书。其中一个典型的网站就是当当网，它从卖书发展过来，到现在除了卖书，也卖各种各样的东西。当当网就是从卖书开始，给人们提供轻服务却高标准化的网络购物体验，吸引了越来越多的用户。接着，电商继续发展，开始卖衣服，这是轻服务、非标准化的第二个阶段，以淘宝最为典型。然后，电商发展到了家电类的产品，数码、3C 应有尽有，这个阶段标准化、重服务，代表的电商有很多，如京东、苏宁、国美。但是，这并不是电商发展的尽头，在移动互联网时代，电商产品已经开始向非标准化、重服务转变，而在这个大趋势下，家装就是大宗消费当中唯一还没有被广泛开发出来的蓝海。

通过分析，我们发现，在移动互联网时代，家装 O2O 的前景非常广阔，大有可为。尽管这类产品的电商还不完善，但已经开始逐渐拉开竞争的序幕，群雄逐鹿的纷乱状况即将呈现出来。

做家装一定要重服务,不重服务绝对不行。家装产品可以算是整个家庭消费当中情况最为复杂的一个,它要满足整个家庭的需求,而不是像普通消费那样,只满足购买者本身的愿望就行了。所以,家装做O2O,一定要透明化,让用户对一切都了如指掌。当用户对每一个细微的环节都了解清楚之后,他们的体验感会大大增强,那种一切尽由他们自己掌握的感觉,一定是非常过瘾的。当然,过瘾并不是重点,重点是他们在清楚了一切之后,就不用有任何顾虑了。

移动互联网让原本复杂的东西变得简单,本来人们购物需要亲自到商店里去,但现在只需要登录手机或者电脑,经过简单的操作就把一切都搞定了。所以,家装行业的地理位置分散已经不是问题,用户省事又省心。企业在让用户了解了流程之后,也有动力把事情做得更好。

现在80后和90后已经逐渐成了消费的主体,他们装修房子时一定更乐意在线上选择商家。所以,如果觉得人们还没有形成网上消费家装的习惯,认为家装O2O还不到时候,那就是鼠目寸光了。

移动互联网时代,谁比别人想得更早、行动得更快,谁就能占尽先机。家装O2O无疑将会是家装行业发展的必经之路,所以一定要早做打算。尤其是三四线的城市,市场的潜力巨大,一旦做成,业绩将不可限量。

影视 O2O：在线选座如何干掉传统电影

2014 年国庆七天时间的电影票房是 10.65 亿元，其中抠电影和微信电影票的销售量在 5000 万元左右，美团猫眼电影的票房很高，销售总额将近 4 亿元。从这些资料就能够看出，仅仅是这三家的电影票就占据了票房总值的大半，如果再算上网票网、格瓦拉、卖座网等，这个比例就比三分之二还要多。别的不说，单从卖票能力上来说，线上就高于线下。

电影票在线选座是非常典型的 O2O，把线上和线下结合了起来，将线上的流量变成现金。移动互联网时代让消费变得轻而易举，用户只需要用一个手机 APP 就把电影票买到手了。简简单单的一个 APP，就能把线上的注意力转变成线下的购买行为，这是现在任何一个电影营销公司都不能比的。因为在网上购买，所以在线选座比所有电影院离观众更近，就握在每个用户的手里，它们形成的票房拉动力是巨大的，超乎任何人的想象。

不管是电影院还是传统发行公司，当看到在线选座对自己构成了巨大的威胁时，肯定会产生恐慌的心理。在移动互联网时代，这样的惊慌已经让人见怪不怪了。当移动互联网席卷了一个行业的时候，这个行业原来那些传统的公司都会恐慌。有的在恐慌过后及时反应过来，跟上了时代的节奏，没有被落下太远，有的没有反应过来，就很难再翻身了。传统的电影院和发行公司，它们不知道将来会发生什么，在线选座会给他们带来多大的冲击，在移动互联网的冲击下，传统的东西还有活路吗？

以前是团购，现在又是在线选座，为什么电影票总能成为 O2O 的练兵场？从千团大战开始，电影票就成了商家争夺市场的有力武器，所有人都很有默契地把目光聚焦到这里。相对于别的 O2O 服务行业来说，其实电影票所对应的产品有很高的标准，而更重要的一点是，电影行业的信息化程度相当高，所以覆盖电影商家比别的事情容易得多。

让我们来看看电影院票务系统是怎样发展的。

1994 年，我国就开始引进好莱坞分账影片，为了满足分账的需求，在 1995 年 5 月，中国电影科研所与中影公司开始立项，研制"计算机售票管理软件"；

1996 年，电影院开始使用"龙卷风"影院计算机售票管理软件；

1998 年，"火烈鸟"影院计算机售票管理系统软件问世；

1999 年，全国影院计算机售票系统推广工作正式进行；

2000—2003 年，全国有 1068 家影院开始使用不同版本的计算机售票系统。

从这些事实就能看出，尽管电影票务系统不能做到尽善尽美，但至少和其他的服务行业比起来有很大的领先优势，毕竟它已经经过了长达 20 年的积累。有了这些积累，就有了根基，在线选座平台才可以迅速并且大量接入影院。

如果想让用户们通过 O2O 方便快捷、大量高效地和全国数百万个餐饮业的收银系统相连接,那是非常大的工程量,要知道,这些餐饮商家还是不同量级的,难度可想而知。但是电影就不同了,最近这些年,中国的电影事业呈现一派欣欣向荣的景象,发展的速度非常快,而电影院的规模化和标准化程度也已经相当不错。在线选座商一旦与资产联结的院线公司或影视投资公司签约,即能规模化推进市场覆盖率。

在线选座之所以会迅猛发展,呈现出井喷的状态,主要是因为移动互联网已经深入人心,人们随时随地都在使用移动互联网。现在人们最注重的就是效率,只要是快速有效的东西,消费者都会喜欢。在线选座比之前的团购进步了不少,团购都是盲目选择,而在线选座则不同,这让购买电影票的流程变得更短,用户的体验感得以迅速提升。

对用户来说,在线选座使他们购买电影票变得更加方便快捷,对电影院来讲,这比以前的团购也好多了。团购带来的是数量庞大的客流,但很可惜,这些客流都是毫无秩序的。在线选座帮助电影院解决了这个问题,电影院就可以将在线流量进行合理引入,让它变得更加有序,如果运用得好,还能够顺便帮电影院把"库存"的问题也一并解决掉,让淡季或者是深夜以及工作日的上座率有所提高。

在线选座的优势是不言而喻的,它一定会代替传统电影的销售模式,成为今后的主流。我们来看一下在线选座取得的成绩,就不难发现这个结论的正确性。

《心花路放》的票房是 11.6 亿元,它能取得这样的好成绩,和猫眼电影在预售时创造的 1 亿元票房有极为密切的关系。这个成绩让传统电影发行公司感到了前所未有的压力,尽管无论是猫眼电影、微信电影票还是抠电影,都没将自己当成一个搅局者,但是,事实却不可避免地将他们推到了搅局者的位置上。

淘宝电影也加入了这个搅局者的行列,实际上它早就那么做了,在 2013 年年底就已经把在线选座功能上线,还做成了一个开放性的平台,将时光网、格瓦拉、蜘蛛网等在线选座商拉了进去。在 2014 "双十一"到来之际,淘宝又和新浪娱乐联合起来,高举价格战的大旗,很快就完成了 4120 万元票房的销售额,其中姜文那部万众期待的电影《一步之遥》已经售出了 1200 多万元。

电影本来就是一个信息化程度非常高的行业,和移动互联网结合起来毫不费力。现在的影视 O2O,把线上和线下结合得天衣无缝,在线选座已经让人们购买电影票这件事变得简单到不能再简单。传统企业如果不能及时转变思路,做到顺势而为,被完全取代是早晚的事。

移动互联网,让很多不愿意相信的人不得不承认一个事实:要么改变,要么死。不管是什么企业,只有与时俱进,学会创新,学会顺应时代,才能永葆青春。

生活服务 O2O：关键在挖掘城市深度而非广度

随着 O2O 越来越深入人心，生活服务类的 O2O 市场也是异常红火，与此同时，有很多同行之间也会发生一些摩擦。实际上完全没有这样的必要，服务类市场的空间特别大，大到超出所有人的想象，竞争并非如人们想象的那样激烈，如果能够找到一个好的切入点，对企业、商家和用户三个方面都非常有好处，不用担心会没有发展的余地。

之所以说不会没有生存空间，是因为对生活服务来讲，O2O 最重要的不是它的范围有多广阔，而是它的深度挖掘有多深。

生活服务 O2O 的深度主要表现在哪些方面呢？一个是每个城市当中商家的数量多少，以及商家的服务质量好不好；一个是单个城市的盈利模式打通；还有一个是单个城市的用户转化比。

单个城市的商家数量与质量是非常重要的，做生活服务的 O2O 和在天猫开网店可不一样。如果你开网店，可以在家里坐着，就接到全国各地的生意，只要物流做得好，别的都不用担心。生活服务 O2O 不一样，它做得更多的是本地之间的服务，如果要跨越地域去进行服务就比较困难。正因如此，所在城市的用户多是必须的，因为只有用户多，才有足够的空间供人去选择，也才能有很高的用户黏性。

　　那么,生活类的服务是不是要面面俱到、有很广的范围呢? 当然不是这样。你的范围再广,也不可能把用户的所有方面都覆盖了。如果你关注的点太多,只会分散你的注意力,让你的力量不够,用户体验感也不强。要想面面俱到,需要的是商家数量多,而你则只需要关注一个点,把自己分内的事情做到极致,挖掘它的深度就够了。

　　假如你是一个单身男士,不太会做饭,或者根本不会做饭,那每天三顿饭只有早餐能够简单地吃点面包、喝点牛奶,午餐和晚餐都要去饭馆吃。假如你是一个对饮食要求不高的人,那你可以每天都到公司附近的同一个饭馆吃饭。但是即便如此,长久下来,谁都会吃腻的。有人可能要说,一个饭馆也不一定都是同样的饭菜啊,比如雕爷牛腩,它就会每月更新自己的菜谱。

　　因此,假如你的公司周围不是一个餐饮集中区域,那么你的一日三餐就难免让人发愁了。一家餐馆,菜式再多,总在这一个地方吃,早晚都会吃腻的。只有餐馆多了,人们有不同的选择,今天在这家吃,明天在那家吃,才不会吃腻。这也正是很多地方都会有饮食一条街的原因,只有商家聚集起来,才会有更周到的服务。

　　从餐馆的例子,我们就知道,服务应该挖掘深度,而不是一味去追求广度,追求广度的结果只能是使自己没有特色,失去竞争力,也失去用户。做生活服务,商家多不是问题,不但没有坏处,反而有好处。一枝独秀不是春,万紫千红春满园,做生活服务就是要把自己那一项服务做到极致,才有出路。

　　人们对服务的满意程度,是和商家的“走心”程度紧密相关的。现在看电影,人们最好的评价就是:这是一部走心的电影。在选择服务的时候,如果看到别人评价说这个提供服务的商家非常走心,我们就能放心去消费。为什么走心会如此受欢迎?因为服务体验感差的商家确实有不少。走心就是注意细节,是对服务深挖,让人们的体验感变得更强。无论移动互联网时代有多么浮华,市场的变化有多快,深度的服务永远不会过时:是金子总会发光的,是好的服务也总会被人们逐渐发现和更加信赖的。

说到深入的服务,就不得不说一下雕爷牛腩。如果非要用一句话来形容雕爷牛腩,那应该就是:神一样的存在。雕爷牛腩简直是为生活服务 O2O 树立了一个标杆,把这里面的精髓深刻体现了出来,并且深入浅出,十分简明地展现在众人面前。

就拿雕爷牛腩创办的风格独特的河狸家来说,作为一个生活类 O2O 平台,它不向商家收费,也不向用户收费,而是无偿向商家和用户提供这样一个平台。这让我们不禁要问,雕爷是土豪吗?豪得这么有个性?其实不是雕爷太土豪,而是因为生活服务类 O2O 太独特了,它是一种频率感十分明显的东西,商家和用户会频频见面。就像如果你是一个经常在网上购物的人,那些快递员小哥肯定和你都很熟了,做生活类 O2O 也是这样。

假如一个平台根据用户和商家接触的次数多少进行收费,那商家就不愿意再和平台有联系了,他们自己就可以和用户建立起关系来,何必还要多此一举呢?何必还要搭上钱呢?商家现在完全可以自己用微信或者 QQ 和用户建立联系,所以根本不需要用随时要交钱的河狸家。

但是，河狸家不收钱，不但不收钱，还有对商家的各种鼓励政策。这样一来，情况完全不同了，用户能够帮忙对商家进行监督，而如果一个商家有了良好的信誉，就能够获得更多的用户。因此，这个平台不是吸他们钱的吸血鬼，而是一个无偿助人的好心人。

有了用户，有了流量，要赚钱就是很容易的事情了。在移动互联网时代，只要拥有了足够多的用户，赚再多的钱都不算事儿。

雕爷是在干什么？雕爷是在用自己的行动告诉我们，生活服务类的 O2O，不能只顾眼前的利益，而要把服务做好。只要把服务做好了，想怎么赚钱就怎么赚钱，只要把深度挖掘出来了，你不需要那么大的广度，一招鲜就能吃遍天。

当我们知道了深度的重要性，就要想想，怎么才能做到有深度呢？有的人可能会想到把所有的同类商家都纳入自己的合作范围，这样一来什么深度都有了。实际上这并不管用，就算拉拢的商家再多，也只是服务的方式更多了，和深度其实没有太多的联系。深度是要紧抓客情服务的，只有这样，才能把用户一个个吸引过来。

假如你做过营销方面的事，你可能知道，做招商想要做出成绩是很难的，为什么难？就是因为商家都是很多变的，特别是生活服务类的商家，经常会出现转让、倒闭之类的问题。

生活服务其实也存在这样的情况，生活类 O2O 和其他类型的 O2O 有很明显的区别，很有可能是线上有店，但线下却没有任何实质性的商品。走到这步原因很简单，虽然在线上有了服务的幌子，但是在做具体服务的时候，并不能满足用户的需求，时间长了，没有业务，这个店就成了空的。如果用户选择了服务，然后却发现根本没有人来上门，那用户的体验感会有多差！相信很多人会在等了半天却等不到人之后，感到非常生气。

生活类 O2O 除了商家多变之外，处理事情也要非常灵活。要让用户在线上选择服务，这还是比较简单的，只要他们在电脑或者手机前点下确定的按钮就行了。但是，到了具体服务的时候，就会遇到这样那样的问题。每当这个时候，用户肯定是首先通过客服来反映情况，这时候就真是见证一个商家功底的时刻了。如果是一个做得有深度的商家，肯定对遇到的问题有预案，有解决方法，这样的话，用户的体验感就好；如果商家没有做到一定的深度，用户的问题不能解决，或者解决的方式令用户特别不满意，那这个商家的口碑和市场就会受到很大的影响。

生活类 O2O，做起来不容易，管理起来也很难。用户在线上选择了服务，然后在线下接受服务。员工们都上门去给用户服务了，这个时候组织上鞭长莫及，难保不出现令用户感到不愉快的情况。那么，这时候应该怎么办，怎样去避免不愉快、让服务的过程和结果令双方都满意呢？只有加强管理，对员工们严格要求，让他们明白在服务时要对用户负责，要让用户有很强的体验感。

当然，做生活服务 O2O，很难用硬性的规定去要求员工，在服务中遇到具体问题，用什么方法解决，应该让他们自己去选择与判断。所以，要给员工足够的空间和权力，让他们自己想办法把事情解决好。

尽管小米不是做生活服务的，但是小米公司在给员工权力这一点上就做得非常好。雷军没有设置管理层，所有的小米员工都是平等的，他们可以在给用户服务时有自己的选择，赠送礼品或者是其他的事情都可以自己决定，根本不需要请示。正因为如此，小米的办事效率和用户满意度都非常高。在移动互联网时代,很多东西都是相通的,小米的经验,对生活服务同样适用。

做生活服务,最重要的是深度而不是广度,是做好一个点,而不是把注意力分散到一个面上,企图面面俱到。一定要记着,少就是多,精才是好,最走心的服务,才是最有效的服务,才是最能赢得用户的服务。

阅 在人文， 悦 在江湖。